Contratación y supervisión de trabajos de preimpresión

Laura Bustamante Roqué

ic editorial

Contratación y supervisión de trabajos de preimpresión
© Laura Bustamante Roqué

1ª Edición

© IC Editorial, 2024

Editado por: IC Editorial
c/ Cueva de Viera, 2, Local 3
Centro Negocios CADI
29200 Antequera (Málaga)
Teléfono: 952 70 60 04
Fax: 952 84 55 03
Correo electrónico: iceditorial@iceditorial.com
Internet: www.iceditorial.com

ISBN: 978-84-1184-391-1
Depósito Legal: MA 2269-2024

Impresión: PODiPrint
Impreso en Andalucía – España

Nota de la editorial: IC Editorial pertenece a Innovación y Cualificación S. L.

Presentación del manual

El **Certificado de Profesionalidad** es el instrumento de acreditación, en el ámbito de la Administración laboral, de las cualificaciones profesionales del Catálogo Nacional de Cualificaciones Profesionales adquiridas a través de procesos formativos o del proceso de reconocimiento de la experiencia laboral y de vías no formales de formación.

El elemento mínimo acreditable es la **Unidad de Competencia.** La suma de las acreditaciones de las unidades de competencia conforma la acreditación de la competencia general.

Una **Unidad de Competencia** se define como una agrupación de tareas productivas específica que realiza el profesional. Las diferentes unidades de competencia de un certificado de profesionalidad conforman la **Competencia General,** definiendo el conjunto de conocimientos y capacidades que permiten el ejercicio de una actividad profesional determinada.

Cada **Unidad de Competencia** lleva asociado un **Módulo Formativo,** donde se describe la formación necesaria para adquirir esa **Unidad de Competencia,** pudiendo dividirse en **Unidades Formativas.**

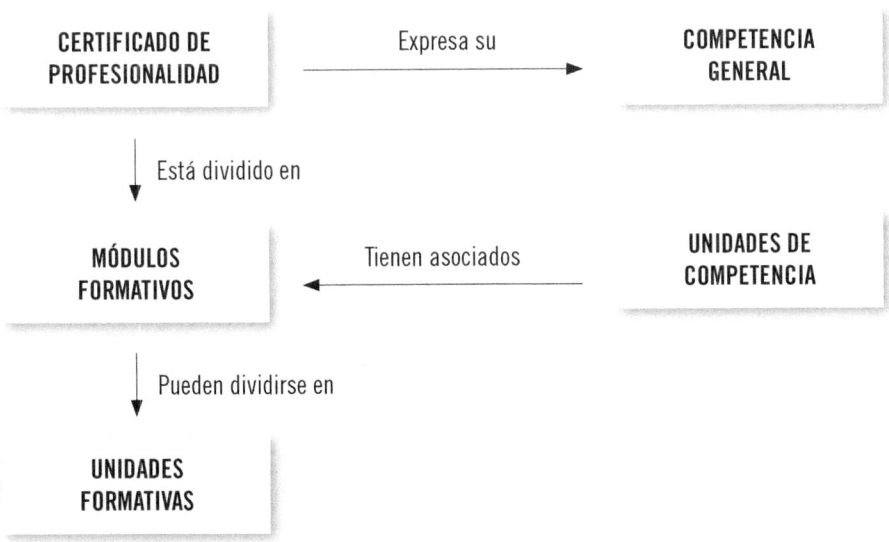

El presente manual desarrolla la Unidad Formativa **UF0253: Contratación y supervisión de trabajos de preimpresión,**

perteneciente al Módulo Formativo **MF0206_3: Gestión de la fabricación del producto gráfico,**

asociado a la unidad de competencia **UC0206_3: Gestionar la fabricación del producto gráfico,**

del Certificado de Profesionalidad **Producción editorial.**

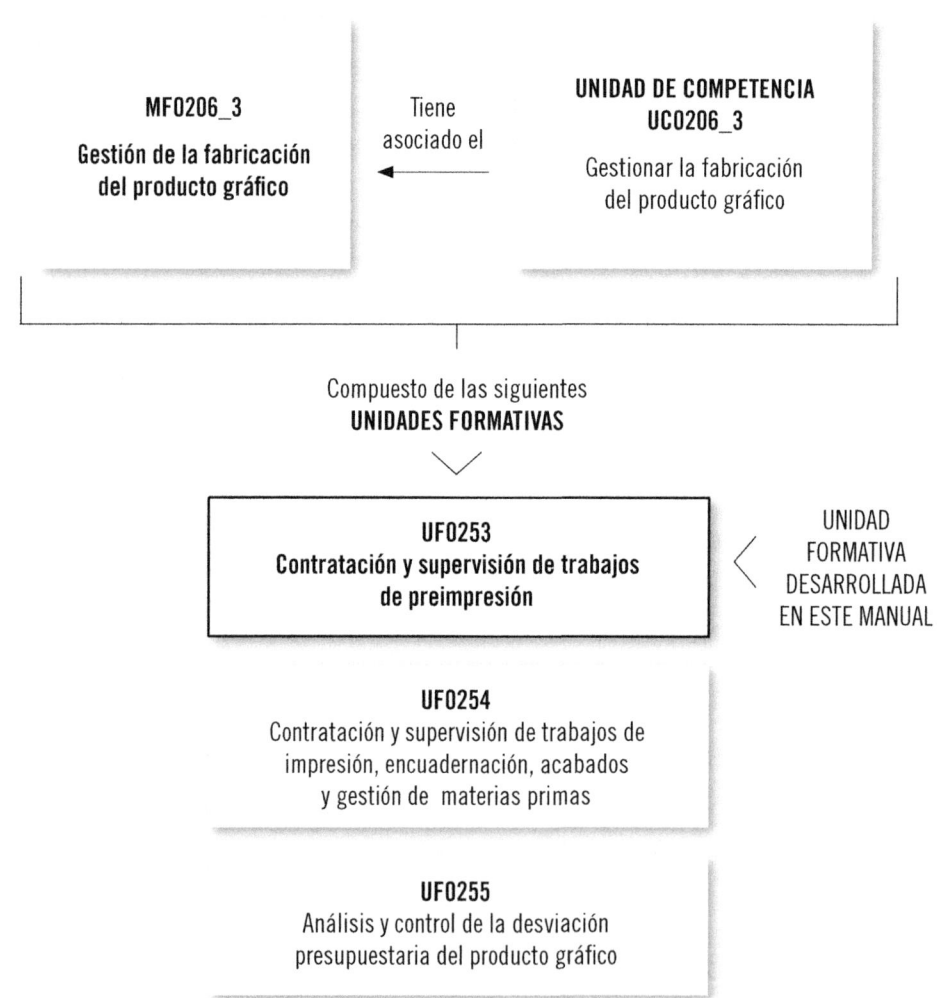

FICHA DE CERTIFICADO DE PROFESIONALIDAD

(ARGN0109) PRODUCCIÓN EDITORIAL (R. D. 1213/2009, de 17 de julio)

COMPETENCIA GENERAL: Realizar la planificación y el seguimiento de la producción editorial, teniendo en cuenta los factores de calidad, costes y tiempos.

Cualificación profesional de referencia		Unidades de competencia	Ocupaciones o puestos de trabajo relacionados:
ARG073_3 PRODUCCIÓN EDITORIAL (R. D. 295/2004, de 20 de febrero; anexo LXXIII)	UC0204_3	Planificar la producción a partir del análisis de las especificaciones de los originales	• 3029.028.0 Técnicos en producción editorial • 3073.006.7 Técnicos en control de calidad • Responsable del área de publicaciones • Responsable de aprovisionamiento y contratación de serv cios gráficos
	UC0205_3	Controlar la calidad del producto, a partir de las especificaciones editoriales	
	UC0206_3	Gestionar la fabricación del producto gráfico	

Correspondencia con el Catálogo Modular de Formación Profesional

Módulos certificado	Unidades formativas	Horas
MF0204_3: Planificación de la producción editorial	UF0248: Planificación del producto editorial	70
	UF0249: Elaboración del presupuesto	40
MF0205_3: Gestión y control de la calidad	UF0250: Especificaciones de calidad en preimpresión	50
	UF0251: Especificaciones de calidad de la materia prima	40
	UF0252: Especificaciones de calidad en impresión, encuadernación y acabados	60
	UF0253: Contratación y supervisión de trabajos de preimpresión	40
MF0206_3: Gestión de la fabricación del producto gráfico	UF0254: Contratación y supervisión de trabajos de impresión, encuadernación, acabados y gestión de materias primas	50
	UF0255: Análisis y control de la desviación presupuestaria del producto gráfico	30
MP0060: Módulo de prácticas profesionales no laborales		160

Índice

Capítulo 1
Fases básicas en el proceso de preimpresión

1. Introducción   7
2. Información de fases y etapas del proceso   7
3. Máquinas y equipos de preimpresión: prestaciones, rendimientos,
   disposiciones típicas   20
4. Flujo de materiales y productos   30
5. Evaluación de los tiempos   40
6. Mantenimiento: planes, organización, aspectos económicos   44
7. Recursos humanos   48
8. Resumen   51
   Ejercicios de repaso y autoevaluación   53

Capítulo 2
Contratación y supervisión de trabajos de preimpresión

1. Introducción   61
2. Prospección de mercado de proveedores de trabajos de preimpresión   61
3. Contratos con proveedores de trabajos de preimpresión acuerdo
   con la normativa ISO   76
4. Resumen   102
   Ejercicios de repaso y autoevaluación   105

Capítulo 3
Control y seguimiento de la producción en preimpresión

1. Introducción   111
2. Control de la producción   111
3. Instrumentos de planificación: *planning* y seguimiento   114
4. Gráficos de control de la producción en preimpresión: PERT y GANTT   118
5. Técnicas de optimización de la producción en preimpresión:
   Sistemas Expertos (SE)   130
6. Herramientas informáticas de control: JDF   136

7. Resumen   145

    Ejercicios de repaso y autoevaluación   147

Bibliografía   153

Capítulo 1
Fases básicas en el proceso de preimpresión

Contenido

1. Introducción
2. Información de fases y etapas del proceso
3. Máquinas y equipos de preimpresión: prestaciones, rendimientos, disposiciones típicas
4. Flujo de materiales y productos
5. Evaluación de los tiempos
6. Mantenimiento: planes, organización, aspectos económicos
7. Recursos humanos
8. Resumen

1. Introducción

Preimpresión, como su nombre indica, es la fase previa a la impresión.

Sea cual sea el sistema de impresión elegido se debe pasar por el proceso de transportar el diseño realizado al sistema de impresión, o dicho de una manera más trivial, decirle a la máquina de imprimir qué es lo que tiene que imprimir y dónde.

Es la fase más importante de todo el proceso de creación de un producto impreso, la base. Es por ello que debe realizarse meticulosamente y dentro de unos estándares de calidad.

En este capítulo se explican los pasos a seguir desde la recepción del pedido hasta la filmación de la forma impresora focalizados en un sistema de preimpresión digitalizado.

Todos los temas están tratados de forma genérica aplicable a los distintos sistemas de impresión, a excepción del digital, que es el único sistema de impresión que no precisa de forma impresora.

2. Información de fases y etapas del proceso

Dentro del proceso de preimpresión existen varias fases en las que se trabaja para obtener una impresión rentable, de calidad, segura y dentro del tiempo estipulado (o *timming*).

Estas fases se dividen principalmente en:

- Digitalización.
- Maquetación.
- Imposición.
- Obtención de pruebas.
- Obtención de formas impresoras.

En el gráfico mostrado a continuación se expone a grandes rasgos el proceso que va desde el diseño de un producto hasta llegar a la impresión: el proceso de preimpresión o preprensa.

Proceso de impresión

Digitalización

Se llama digitalización al proceso de transformar datos de un formato analógico a otro digital. Algunos de los elementos con los que se trabaja ya se crean en formato digital, pero hay otros que deberán transformarse.

Seguramente, tanto las imágenes como los textos a reproducir ya vendrán en formato digital, y en ese caso, cabría tan solo verificar la viabilidad de los mismos para el sistema de impresión que se utilizará.

En caso de no ser así se procede a digitalizar la información mediante escáneres y otros equipos informáticos.

 Definición

Escáner
(Del inglés scanner: el que explora o registra)

Dispositivo electrónico que explora un espacio o imagen y los traduce en señales eléctricas para su procesamiento.

Existen muchos tipos de escáner en el mercado. En preimpresión se habla de escáner profesional o semiprofesional, ya sea plano o de tambor. Un escáner casero no proporciona los resultados mínimos para poder reproducir el original en un sistema de impresión comercial.

Las imágenes en formato analógico pueden ser opacas (fotografías, impresos, etc.) o transparentes (diapositivas o negativos).

Al digitalizar una imagen se debe tener en cuenta:

1. El estado del original (si presenta polvo, arrugas o desperfectos varios).
2. Resolución.
3. *Halftone.*
4. Profundidad de bit.
5. Tamaño de salida.
6. Tipo de archivo.

Estado original

Lo ideal sería disponer de un original en perfectas condiciones, pero esto no siempre es así. Habrá que poner entonces especial cuidado al digitalizarlo ajustando con esmero las opciones de remuestreo de la imagen, luminosidad, profundidad, etc.

 **Consejo**

Existen accesorios para facilitar el escaneado de originales con dobleces o arrugas como las fundas de acetato que mantienen el original firme.

Resolución

Como resolución se entiende el número de muestreos (píxeles) de la imagen por unidad de superficie. A mayor número de muestreos mayor detalle. Cada muestreo corresponde a un píxel y cuanto mayor sea la densidad de píxeles, mayor será la resolución de la imagen. La resolución se mide en Puntos Por Pulgada (ppp) o *Dot Per Innch* en inglés (dpi).

La misma imagen a resolución 300 ppp (izquierda) y a 72 ppp (derecha)

Como se aprecia en las imágenes de muestra, la resolución está relacionada con la calidad y definición de la imagen.

Para determinar la resolución adecuada al digitalizar una imagen hay que tener en cuenta el dispositivo de salida al que va dirigido. No se trata de que una imagen digital con una resolución de 72 ppp no sea correcta, lo es para mostrar en pantalla (páginas web, vídeos, dispositivos móviles, etc.), pero para impresión comercial está sobre los 300 ppp dependiendo del sistema de impresión.

 Recuerde

Resolución es la densidad de píxeles (que no hay que confundirla con cantidad de píxeles). Por densidad se entiende cantidad por cada unidad de superficie. No es la misma resolución 200 píxeles en un cm² que 200 píxeles en 1 m² y sin embargo siguen siendo 200 píxeles.

 Actividades

1. Indique qué miden los megapíxeles de un *smartphone:* el tamaño, la resolución de la imagen o la calidad. Busque información al respecto.

Halftone

Los sistemas actuales de impresión están capacitados para la impresión de varios tonos y matices. Sin embargo, las imágenes más habituales poseen tono continuo, por lo que en la fase de preimpresión se convierten estas imágenes en otras más adecuadas para la impresión: imágenes discontinuas, *halftone* o tramadas.

Con la imagen discontinua los diferentes tonos se representan por una matriz de pequeños puntos que tienen mayor tamaño en las zonas oscuras que en las claras y dan la impresión de tono continuo.

Al hacer zoom sobre la imagen se aprecian los puntos de trama

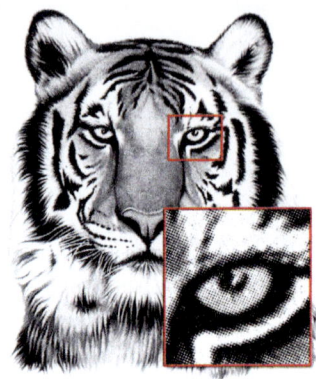

Digitalizar una imagen *halftone* añade un grado más de dificultad. A menudo necesita una resolución específica, por lo que requerirá de un procesamiento adicional para gestionar la interpretación de los puntos, ajustando la nitidez y la cantidad de detalles.

 Consejo

En la medida de lo posible hay que evitar digitalizar imágenes procedentes de un impreso, ya que estas serán tramadas y la calidad al digitalizarlas será inferior a una de tono continuo.

Profundidad de bit

El bit es la cantidad de información binaria que conforma una imagen. La profundidad de bit define la cantidad de colores que poseerá la imagen digital, ya sea en color o en blanco y negro, determinada por la cantidad de información (bit) que se le asigna a cada píxel durante la fase de digitalización.

- 1 bit: dos tonos de blanco y negro, imágenes en línea.
- 8 bit: 256 niveles de gris, imágenes en escala de grises.

■ 24 bit: 16 millones de colores, imágenes en color.

■ 32 bit: similar a 24 bit, pero con un canal adicional para representar información de transparencia.

Tamaño de salida

Si la imagen que se quiere digitalizar tiene que quedar impresa a un tamaño superior al original, se debe contar con este dato para aplicar ya en el escáner la ampliación pertinente (o de tamaño o de resolución).

 Recuerde

Resolución es densidad de píxeles. Si se escanea a resolución 300 ppp pero el tamaño de salida de la imagen es el doble del original, se perderá la mitad de densidad de píxeles y por tanto la imagen quedará a 150 ppp.

Tipo de archivo

Por último, hay que guardar la imagen digital con el formato o extensión adecuado. Es recomendable guardar el archivo con un formato sin pérdida por compresión como TIFF o FPS. No obstante, también se puede usar PDF debido a su capacidad para preservar la calidad y el diseño del documento original, su amplia compatibilidad y su versatilidad para la optimización.

 Actividades

2. La extensión ".jpg" es un tipo de archivo muy usado para las imágenes, pero no es conveniente usarlo para impresión. Investigue el porqué de esta afirmación.

La digitalización de textos se puede hacer mediante un escáner, o tecleando el texto en una aplicación de tratamiento de textos (recomendable). Los textos deben tener las características de estilo, tamaño y tipo adecuados y que ocupen el lugar previsto.

 Aplicación práctica

Para la realización de una reproducción en *offset* se precisa escanear una imagen antigua. La fotografía tiene las esquinas dobladas por el paso del tiempo y está algo sucia.

¿Cuáles son los pasos a seguir? ¿Qué aspectos habría que tener en cuenta a la hora de digitalizar? ¿Con qué extensión guardará el archivo resultante?

SOLUCIÓN

Con sumo cuidado habría que librar de polvo y suciedad la fotografía y se introduciría en una funda protectora de acetato o similar para facilitar el escaneado.

Se considerarían los siguientes aspectos:

I Si la imagen es tramada para aplicar filtros que facilitaran obtener un buen resultado.
I Si la imagen se debe escanear en color o en blanco y negro para asignar la profundidad de bits necesaria.
I Ajustar las opciones para escanearla a la resolución correcta para un sistema de impresión comercial (en torno a los 300 ppp dependiendo del sistema de impresión).
I Introducir la imagen en el escáner y escanearla.
I Una vez digitalizada se guardaría la imagen con extensión TIFF o EPS.

Maquetación

Una vez se tienen los textos y las imágenes es el momento de ensamblarlos y crear así la composición de las páginas completas o **maquetación.** Para ello existen programas o aplicaciones específicas. Las más comunes son *Adobe Indesign* y *Adobe Illustrator*.

Se han de tener en cuenta las especificaciones del cliente y reproducirlas con total exactitud.

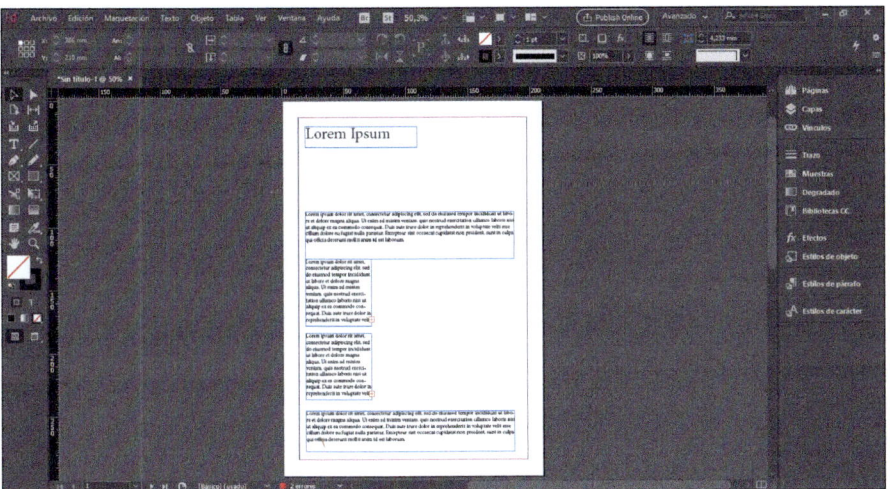

Maquetación de textos usando la aplicación Indesign con una cuadrícula base para organizar la composición y dejar el espacio preciso para imágenes.

Una vez terminada la maquetación del documento se realizan pruebas de cada página para su revisión (colocación, márgenes, correcciones ortográficas, etc.). Las pruebas pueden entregarse para su verificación en formato digital o impresas, ganando terreno las digitales por su versatilidad e inmediatez. El formato de archivo que se está estandarizando para tal efecto es PDF.

Cuando las pruebas están verificadas y aprobadas se procede a realizar pruebas de color para asegurar estabilidad en el proceso. Las pruebas de color sirven también para ultimar retoques en las imágenes, en el caso de ser necesario, antes de proceder al siguiente paso.

Puesto que son simulaciones de impresión, esta clase de pruebas cuentan con gran precisión y fiabilidad. Asimismo, los operarios de impresión tienen una guía para reproducir el color con la mayor exactitud posible, minimizando las posibilidades de resultados indeseados.

Hay muchos sistemas distintos a través de los cuales se pueden hacer pruebas de color. Las primeras pruebas fueron las analógicas, que se realizaban a partir de fotolitos. Sin embargo, esta técnica se abandonó gracias a la tecnología CTP *(computer to plate),* en la que ya no se necesitan los fotolitos, sino un simple archivo informático que se imprime a través de sublimación, inyección de tinta o láser de color.

 Definición

Fotolito
Estampa obtenida por medio de la fotolitografía.

Cliché fotográfico de un original que se usa en ciertas formas de impresión como el huecograbado.

(Real Academia Española © Todos los derechos reservados).

Prueba analógica mediante fotolito

 Aplicación práctica

Partiendo de textos y de imágenes se debe maquetar unas páginas para su reproducción en imprenta. El cliente entrega un original como muestra y lo desea igual.

Indique los pasos del proceso.

SOLUCIÓN

En primer lugar se ensamblarán las imágenes y los textos en un programa o aplicación adecuado para tal fin. Se dejarán los márgenes y la disposición igual a la muestra adjunta. El programa puede ser *Adobe Illustrator* o *Adobe Indesign*.

Después, para la verificación del archivo se realizarán pruebas impresas o bien digitales. Si son digitales el tipo de archivo sería PDF.

Finalmente, una vez verificadas las pruebas se procederá a realizar una prueba de color.

Imposición

Por una cuestión de productividad las páginas se colocan en un orden específico dentro de la hoja de impresión para posteriormente doblarla y formar así un pliego. La imposición de páginas es la organización de esas páginas en la hoja de impresión para que una vez formado el pliego quede en el orden correcto.

Antes de realizar las formas impresoras las páginas o piezas del trabajo deben ordenarse. Cada bloque de páginas ya ordenado se conoce como montaje. Cada montaje contiene las piezas que se imprimirán en una forma u hoja de impresión, conservando sus márgenes, marcas de corte y plegado y referencias de color.

Gracias a un *software* especial se organizan las páginas, los márgenes y todos los elementos necesarios adecuadamente. La posterior filmación se llevaba a cabo anteriormente de forma manual mediante fotolitos, pero hoy en día todo se ha automatizado y simplificado gracias a aplicaciones informáticas como *Preps*.

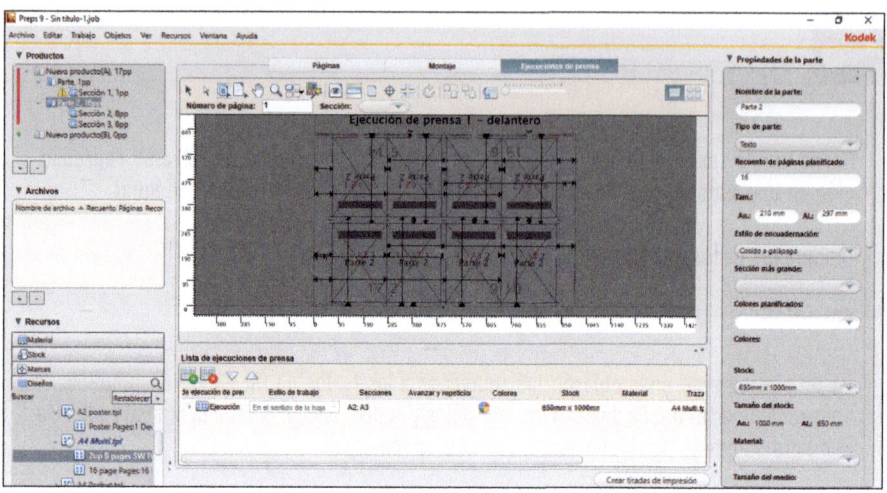

Imposición electrónica con Preps 9 (software específico de imposición electrónica)

Actividades

3. La serigrafía es un método de impresión que se conoce como impresión de pantalla. Busque información y vídeos en internet del proceso serigráfico para comprender su funcionamiento.
4. Igualmente, para entender mejor los plegados, busque vídeos en internet donde poder ver plegadoras de papel automáticas como la plegadora-embuchadora Müller-Martini.

Obtención de pruebas

El siguiente paso, una vez hecha la imposición es verificar que el plegado está correcto. Para ello se realizan pruebas del montaje completo, se pliegan y se cortan los sobrantes. Queda entonces un boceto o maqueta del resultado final donde se podrá apreciar si ha habido algún error en el proceso de imposición de las páginas. Incluso se podrían imprimir una serie de pliegos de prueba.

 **Nota**

Estas pruebas, al ser de gran formato, se realizan con un plotter. Hay que recordar que las pruebas de color ya han sido realizadas con anterioridad, por tanto no es necesario uno de gran calidad, pero sí de gran formato.

Obtención de formas impresoras

Convencionalmente se ha usado el sistema CTF *(Computer to Film)*, pero en la actualidad la tecnología CTP *(Computer to Plate)* ha cambiado radicalmente el proceso de impresión.

En los dos casos el montaje digital es interpretado por un *software* que transforma la imagen digital en *halftone* o tramada para poder ser impreso. Se genera una imagen digital de cada uno de los montajes que integran el trabajo, la cual se envía a una filmadora. Hasta aquí el proceso es idéntico para los dos sistemas.

En el caso del sistema CTF el archivo digital se filmaba sobre un fotolito que se transfería a la forma impresora mediante un proceso fotográfico, mientras que en el sistema CTP se filma ya directamente sobre la forma impresora, descartando los fotolitos y agilizando el proceso de preimpresión, reduciendo los costes y haciendo todo más efectivo en general.

En el siguiente gráfico se muestran los pasos del proceso de impresión con CTP.

Proceso de impresión en CTP

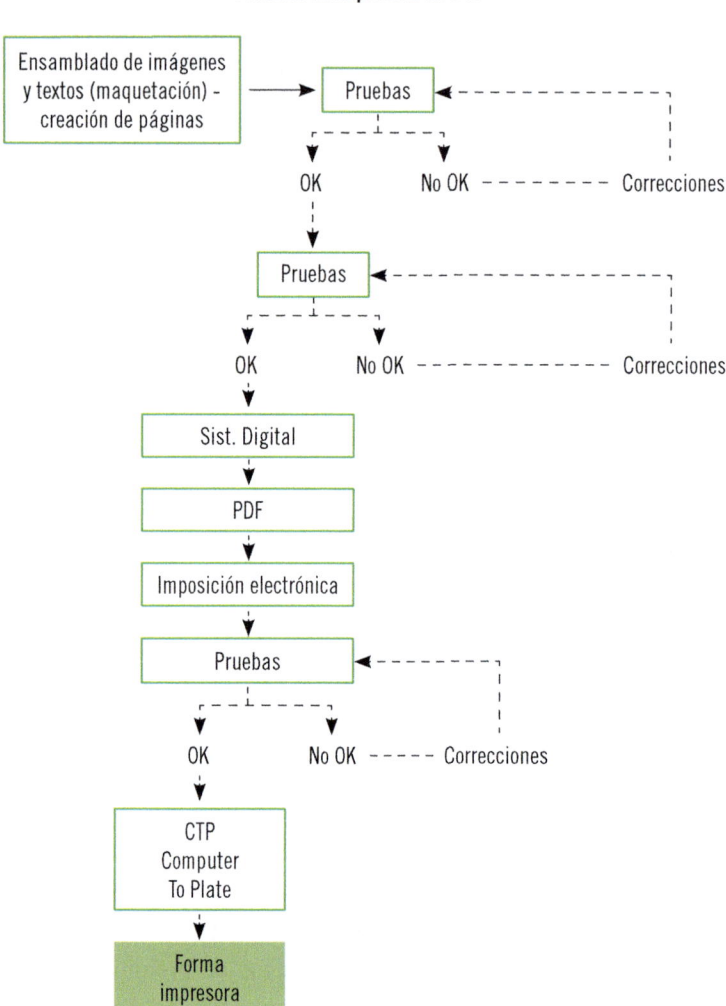

3. Máquinas y equipos de preimpresión: prestaciones, rendimientos, disposiciones típicas

Para trabajar en el campo de la preimpresión se cuenta con unos equipos que, gracias a la tecnología, facilitan cada vez más el trabajo a realizar pudiendo ofrecer en menor tiempo mayores prestaciones y servicios y con más seguridad.

Los sistemas de impresión existentes cuentan con un flujo de trabajo totalmente informatizado, pero las características tanto de *hardware* como de *software* pueden variar ligeramente.

 **Definición**

Hardware
Conjunto de los componentes que integran la parte material de una computadora.

Software
Conjunto de programas, instrucciones y reglas informáticas para ejecutar ciertas tareas en una computadora.

Aún así, los pasos a seguir, y por tanto los equipos, son comunes:

- Recepción de pedidos.
- Verificación de ficheros.
- Procesado de archivos.
- Pruebas de color.
- Imposición.
- Proceso de ripeado.
- Realización de formas impresoras.

3.1. Prestaciones

En preimpresión se precisa de una serie de componentes o equipos para la realización del trabajo.

Concretar es complicado ya que intervienen varios factores en la elección de los equipos adecuados como pueden ser el volumen de trabajo que se ejecuta, el formato de las máquinas o el sistema de impresión hacia el que se dirige el trabajo.

Pero aún así hay algunos requisitos que sí deben ser comunes en todo servicio de preimpresión.

Equipos informáticos

Los equipos informáticos usados en preimpresión deben tener unas amplias prestaciones debido al volumen de información con el que se trabaja.

El *software* para preimpresión es variado y de gran potencia (digitalización, tratamiento de imagen, verificación de ficheros, procesado, imposición, etc.), todo ello integrado en el *software* del flujo de trabajo.

La elección del sistema operativo va en función de las preferencias del consumidor ya que, gracias a los procesos de estandarización, los archivos son compatibles entre los distintos sistemas operativos (multiplataforma).

Pruebas (impresoras y/o plotters)

Las impresoras o *plotters* para la realización de pruebas de color, a parte de la calibración mediante perfiles ICC, deben tener ciertas características para proporcionar una impresión de calidad rentable:

- Colores de alta calidad que proporcionen imágenes nítidas y gradaciones suaves sin bandeado o *banding*.
- Amplia gama de tonos que se consigue mediante la incorporación de más tintas como varias densidades de negros y tintas de color magenta y *cyan ligth*. La adición de una tinta gris claro proporcionaría un mejor balance de grises sin dominaciones cromáticas.
- Posibilidad de cargar distintos tipos de papel (distintos grosores y acabados) para simular las condiciones de impresión.

CTP

Existen dos tipos de tecnología de exposición en los CTP:

- **Tecnología térmica:** los CTP térmicos utilizan luz láser infrarroja para filmar sobre una plancha *offset* con emulsión sensible al calor. La tecnología térmica fue la primera que se desarrolló y se considera la de mayor calidad y estabilidad, por ello es la más recomendada para impresión comercial. Se trabaja en ambientes con "luz día" ya que no son sensibles a la luz blanca.

- **Tecnología violeta:** estos CTP utilizan luz láser violeta. Son equipos de mayor productividad que los térmicos, pero la calidad de la filmación depende mucho más de un correcto revelado que las de tecnología térmica. Estas planchas suelen usarse para impresión de periódicos aunque también dan unos resultados aceptables para impresión comercial en tirajes cortos y medios. Estas planchas son sensibles a la luz blanca, por lo que se debe trabajar en ambientes con "luz amarilla".

En cuanto al funcionamiento mecánico se pueden establecer tres tipos distintos de CTP.

- De tambor externo: la plancha se coloca en un tambor que está a la vista. Estos CTP son manuales y un operario debe poner y sacar cada plancha para luego ingresarlas en la procesadora (revelado).
- De tambor interno: la plancha se introduce dentro del CTP donde es filmada. Normalmente se usa en tecnología violeta porque el tambor está protegido de la luz. Incluyen la posibilidad de ensamblar la procesadora a la salida del CTP y un cargador de planchas automático, quedando así el proceso totalmente automatizado.
- De cama plana: los más usados en grandes imprentas por su rapidez de filmación. La plancha se filma derecha y el láser es el que se mueve.

 Actividades

5. En cuanto a la calidad de la plancha de la tecnología térmica/violeta, ¿qué deducción se puede sacar de las diferencias entre ellas?
6. Para entender la actividad de los distintos CTP en función del tambor, busque vídeos sobre su funcionamiento.

3.2. Rendimientos

La finalidad de un negocio es que sea rentable, por tanto, el rendimiento de la maquinaria debe ser el óptimo para abastecer a la empresa completa.

La máquina de impresión es el eje central sobre el que económicamente gira una imprenta. Debe estar abastecida de formas impresoras en todo momento. Teniendo en cuenta este concepto se programa la producción de la empresa.

En el proceso de preimpresión hay que calcular los rendimientos de la maquinaria para que no se ralentice todo el proceso.

Si las máquinas de preimpresión no tienen suficiente velocidad de procesado habrá que suplirlo con más horas de producción para abastecer a los procesos posteriores. Otra opción sería ampliar el número de maquinaria.

Para calcular la rentabilidad a la hora de adquirir maquinaria no solo hay que mirar el precio, sino que hay que tener en cuenta la productividad de la máquina y el coste del mantenimiento.

 Ejemplo

En una imprenta *offset* se tienen dos impresoras que en ocho horas de trabajo necesitan X planchas y el CTP filma X:2. Existen dos opciones: o bien el CTP trabaja 16 horas o bien se incorpora un nuevo CTP para duplicar la producción.

3.3. Disposiciones típicas

Aunque la disposición de equipos es semejante en cualquier área de preimpresión, serán determinantes las características de la maquinaria de impresión hacia la que se trabaje para definir sus características concretas. También habrá que tener en cuenta el formato y tipo de soportes a imprimir, aspectos económicos, de calidad, etc.

La mayoría de sistemas de impresión existentes cuentan ya con un flujo de trabajo totalmente informatizado, pero las características tanto de *hardware* como de *software* cambian puesto que varían los requisitos de cada sistema.

Nota

Flujo de trabajo o *workflow* es el estudio de las operaciones que engloba un trabajo, es decir, como se realizan, estructuran y sincronizan las tareas que componen dicho trabajo.

A continuación se muestra un gráfico del proceso de preimpresión con los equipos típicos para realizarlo:

Proceso de preimpresión

Verificación y digitalización de archivos

Procesado de archivos

Gestión de color

Pruebas

Recepción y alta de trabajos

Pruebas

Flujo de trabajo (Apogee, Prinergy)

Formas impresoras

La base sobre la que se sustenta toda la maquinaria es un servidor informático. Sobre él se montarán todos los dispositivos que intervendrán en el proceso (ordenadores, impresora, RIP, CTF, etc.).

Para la primera parte del proceso (recepción y verificación de ficheros) será necesario contar con un equipo informático (ordenador/es) potente, ya que tanto el *software* que debe soportar como los ficheros que se manejan así lo precisan.

Al recepcionar los pedidos se abre una hoja de ruta o bolsa de trabajo que contendrá toda la información necesaria para la realización del proceso completo, y dicha información debe guardarse en una base de datos. Con el uso de bases de datos se garantiza una correcta gestión y custodia de la información.

El paso de verificación de los ficheros se realiza mediante un *software* que permite medir la calidad de las imágenes, comprobar el modo de color, verificar el estado de las fuentes, etc. La verificación se puede hacer con varios programas, entre ellos *Acrobat Pro*.

Posteriormente se procesan los archivos y se realizan pruebas de color en una impresora o *plotter* calibrado con los estándares de color ICC correspondientes.

Todo este proceso se realiza dentro de un flujo de trabajo o *workflow*.

 Nota

Dependiendo del flujo de trabajo que se esté usando en la empresa, se puede conocer este proceso con distintos nombres como refilado, renderizado, destilado, etc., pero en definitiva es el mismo proceso.

Un **perfil ICC** es un conjunto de normas creadas por el Consorcio Internacional del Color (ICC) con las cuales se estandariza el tratamiento y conversión del color para su reproducción en distintos dispositivos y/o soportes. Con estos perfiles se asegura un tratamiento estable del color porque regula la conexión entre distintos dispositivos mediante unas tablas de concordancia del color *(profile connection space)*.

 Actividades

7. Razone por qué cree que es necesario hacer una verificación de los archivos antes de procesarlos.
8. Reflexione sobre algunos ejemplos donde los perfiles ICC son necesarios para la estabilización del color en el proceso de preimpresión.

El siguiente paso es realizar la imposición de páginas y realizar una prueba impresa para comprobar que la compaginación es correcta.

Una vez hechas las verificaciones y correcciones correspondientes se procede al procesado de las imposiciones a través de un RIP *(Raster Image Processor)*.

Durante el procesado en el RIP, los archivos sufren dos transformaciones para poder ser impresos: la imagen continua del archivo digital se transforma en imagen tramada y se descompone en separaciones de color.

Cada separación corresponderá con una tinta de proceso (cuatricromía) o una tinta directa en el caso que así se requiera (según las especificaciones del encargo). Para poder imprimir se deben convertir los archivos en modo de color RGB (pantalla) a modo de color CMYK (cuatricromía).

En la parte de arriba se observan las separaciones de cada color que integra una cuatricromía. Abajo se ve la mezcla de colores a medida que cada uno de ellos se va añadiendo

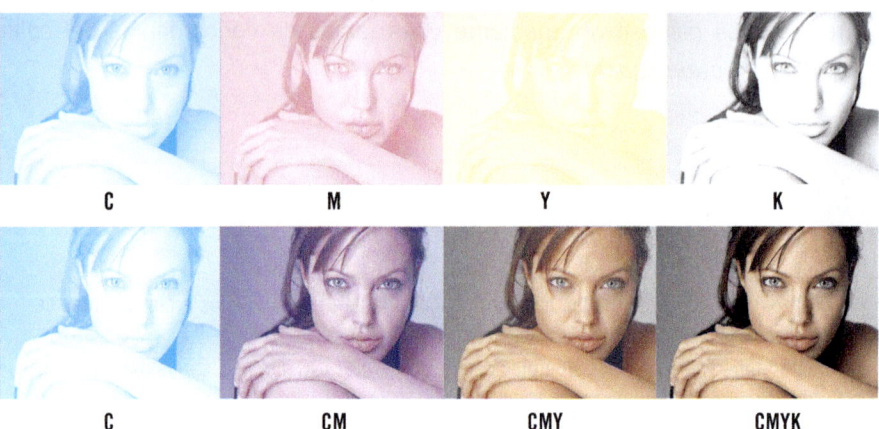

| C | M | Y | K |

| C | CM | CMY | CMYK |

 ## Nota

Actualmente se ha incluido el modo Pantone, que permite que el color se perciba siempre igual, sea cual sea el soporte. Es altamente práctico si se quiere conseguir un tono de color exacto, aunque su coste es más elevado.

 ## Actividades

9. Explique por qué cree que es necesaria la conversión de color RGB a CMYK.

El *software* de gestión de color viene normalmente ya implementado dentro del flujo de trabajo o *workflow* y será un técnico especializado el que ajustará los perfiles de conversión.

Una vez el RIP ha generado un documento por cada color de cada una de las caras de cada imposición se procede a la **filmación de la forma impresora.**

Nota

La forma impresora empleada en el sistema *offset* es una lámina de aluminio micrograneada presensibilizada en su superficie (conocida como plancha).

Aplicación práctica

Usted dispone de unas páginas ya maquetadas de una revista y se deben realizar las formas impresoras para imprimir en *offset*.

¿Cuáles son los pasos a seguir desde el punto en el que se encuentra hasta llegar al RIP? ¿En qué consisten?

SOLUCIÓN

Antes de realizar las formas impresoras se deben ordenar las páginas correctamente, o sea, se deben realizar los pliegos. Estos pliegos se realizan con un *software* específico (Preps) y a este proceso se lo conoce como imposición.

Después hay que verificar que el plegado sea correcto. Para ello hay que hacer unas pruebas de la imposición completa en un plotter de gran formato y plegarlas de tal manera que quede una maqueta, para así comprobar que el plegado ha sido realizado de forma correcta.

Posteriormente se genera una imagen digital de cada uno de los montajes o imposiciones que se envía a la filmadora a través de un RIP.

4. Flujo de materiales y productos

Con la preimpresión digital se ha reducido la cantidad de materiales abrasivos o con componentes poco solidarios con el medio ambiente como líquidos de revelados o disolventes varios.

Hoy en día la preprensa es un medio bastante sencillo que gracias a los avances tecnológicos obtenidos proporciona una gran cantidad de variantes, simplificando enormemente el proceso y acortando los tiempos de preparación, ya que han eliminado una gran parte de los pasos tradicionales y el resto se han reducido significativamente.

A continuación se enumeran los equipos y materiales necesarios en preprensa.

4.1. Equipos informáticos (administración)

La parte administrativa se organiza por medio de **bases de datos** que permiten el control de todos los movimientos realizados dentro de la empresa. En esta fase se da de alta el trabajo con todas sus características para su producción.

Para ello será necesario un ordenador, preferiblemente conectado por red con el resto de equipos (para poder llevar el control del proceso desde los distintos pasos de su producción), una impresora, papel y consumibles.

? Sabía que...

Existen herramientas informáticas de control como el JDF *(Job Definition Format)* que permiten un control exhaustivo del proceso, y que actualmente se ha visto enriquecido con la incorporación de la Inteligencia Artificial.

Actividades

10. Explique en qué consiste la autoedición y qué engloba. Indique qué *software* se usa para tal fin.

4.2. Equipos informáticos (autoedición)

Para la parte de autoedición se precisan equipos informáticos algo más completos que contengan un *software* profesional específico:

- Los **ordenadores** para autoedición deben estar conectados en red y tener conexión a internet de alta velocidad.
- **Pantallas** de buena calidad, bien calibradas y certificadas para el tratamiento de la imagen.
- **Escáneres** profesionales o semiprofesionales, ya que un escáner casero no dispone de los requisitos mínimos para digitalizar con una calidad suficiente imágenes tramadas, fotografías analógicas o negativos fotográficos.

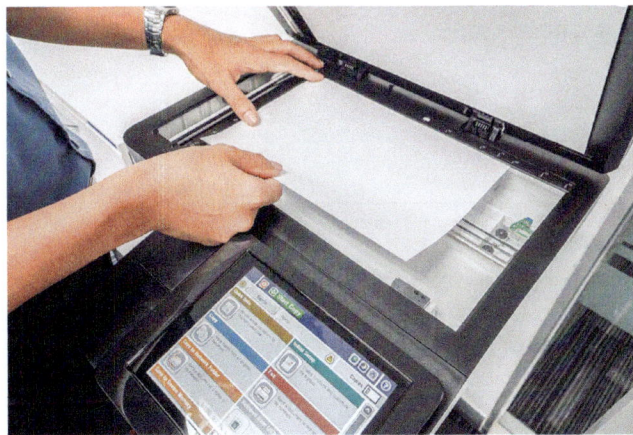

Escáner profesional

- Los escáneres profesionales cuentan con un *software* muy completo donde se pueden ajustar al máximo las opciones de remapeo. Para su mantenimiento se necesitan productos específicos para la **limpieza de escáneres** como bayetas anti-vaho y limpiadores que reducen la electricidad estática.
- *Software* para el tratamiento de imágenes, textos, ilustraciones, dibujo vectorial y maquetación. Hoy en día se ha centralizado en *Adobe* que dispone de un pack de programas informáticos totalmente compatibles entre sí para cubrir todas las necesidades en diseño gráfico y autoedición.

Los programas básicos de Adobe para preprensa son:

- *Photoshop* (tratamiento de imágenes).
- *Illustrator* (dibujo vectorial).
- *Indesign* (tratamiento de textos y maquetación).
- *Acrobat Pro* (generador de archivos PDF y *preflight* de ficheros).
- *Bridge* (gestión de ficheros).
- *Lightroom* (tratamiento de fotografías).

- Sistema de copias de seguridad diarias para evitar pérdidas indeseadas de archivos y guardar trabajos antiguos ya realizados para futuras reimpresiones.
- Para la gestión y tratamiento del color será necesaria una serie de elementos como **densitómetros, colorímetros, calibradores, muestrarios de color, etc.**

 Nota

En impresión se pretende conseguir que, desde el diseño o la toma de la foto hasta el resultado final, haya muy poca o ninguna variación de color. Es necesario controlar y ajustar todos y cada uno de los elementos que intervienen en el proceso de edición e impresión para poder garantizar el resultado esperado. Las cartas o muestrarios de color son una herramienta imprescindible para ello.

Carta Pantone (muestrario de color)

 Nota

Formula Guide es la guía básica más utilizada en la preprensa.

 Actividades

11. Indique para qué sirven las cartas o guías de color.

4.3. Control del color (pruebas)

Para hacer pruebas de color se necesita una **impresora** (o *plotter)* con perfiles de color de precisión, sensores de color y capacidad alta de gestión, que pueda gestionar distintos tipos de **papel** para acercarse al máximo al resultado final. Actualmente, no es necesario que la impresora sea compatible con *postscript,* sin embargo, en entornos de alta gama se prefiere el uso de impresoras *postscript* por su calidad y precisión de colores.

 **Consejo**

Al hacer la prueba de color se intenta simular el resultado final en impresión, por ello es necesario hacer la prueba con un soporte lo más parecido posible al de impresión, tanto en acabados como en gramaje o tonalidad del papel.

Los lenguajes de descripción de página, como el *Postscript,* son unas tecnologías para la interpretación y procesado de acciones digitales. Actualmente los más usados son PDF, PCL, APPE, AFP o XPS. Algunas impresoras incluso usan controladores específicos que realizan estas tareas sin necesidad de añadir esta tecnología.

Postscript es un lenguaje de descripción de página concebido expresamente para representar el texto y los gráficos que componen una página y posteriormente imprimirse.

Se debe contar por tanto con papel de varios tamaños, gramajes y acabados, así como los **consumibles** necesarios para la impresora o *plotter* de pruebas de color.

 Aplicación práctica

Es usted el encargado de comprar un plotter para la realización de pruebas de color en su empresa.

¿Qué aspectos tendría en cuenta para la elección del plotter?

SOLUCIÓN

El *plotter* debe poder imprimir por lo menos en tamaño Din A3 y se debe permitir usar distintos tipos de papel (gramaje, textura, acabados, tamaño, etc.).

Continúa en página siguiente >>

<< Viene de página anterior

También debe tener control del color con un *software* avanzado que contenga los perfiles adecuados.

El procesador debe ser potente dado que los archivos tienden a ser muy grandes y a pesar mucho.

Actualmente, las impresoras más usadas utilizan tecnología láser o *inkjet,* pero también se usan las impresoras de sublimación de tinta, de matriz de puntos o de impresión 3D. Independientemente del tipo de impresora, estas deben cumplir un mínimo de requisitos:

- **Tamaño:** debe poder imprimir un tamaño mínimo Din A3 para realizar los sangrados de la página y las marcas exteriores (registro, corte, barras de color, etc.).
- **Manejo del papel:** se deben poder usar distintos tipos de papel o soporte (gramaje, textura, acabados, tamaños, etc.).
- **Control del color:** ayuda a asegurar la consistencia de la prueba de impresión con el producto final. Se necesita un *software* avanzado de combinación de colores que contienen perfiles para todo tipo de imprentas *offset* y digitales.
- **Procesador:** los archivos son de alta resolución y suelen ser ricos en imágenes y vectores, por ello tienden a ser muy grandes y a pesar mucho. La impresora debe tener un gran poder de proceso.
- *Lenguaje PostScript (PS):* pese a que ya no es un requisito indispensable que la impresora tenga compatibilidad con este lenguaje, con el PS se asegura la correcta reproducción de las imágenes, textos y colores independientemente del dispositivo en el que ha sido creado o la impresora en la que se imprima. Se mantiene siempre el código del color basado en los perfiles con los que se esté trabajando.

4.4. Imposición y creación de pliegos

Este paso se suele hacer en un ordenador distinto al de la autoedición. Se instala el *software* de imposición de páginas *(Preps)* y un *plotter* para hacer las pruebas de los plegados.

En este paso se necesitan **rollos de papel** para el *plotter* y **consumibles.** También **reglas, cúter, tijeras, cola** (normalmente en spray) y diversos utensilios para preparar las pruebas como **cizallas** o **guillotinas.**

Guillotina para cortar los pliegos

4.5. Procesado de pliegos

Alojado en un servidor está el *software* encargado del procesado de los pliegos, o sea, de convertir las imágenes de tono continuo en imágenes tramadas y de hacer la selección o separación de colores.

 Nota

En informática, un servidor es un ordenador que forma parte de una red y provee servicios a otros ordenadores llamados clientes.

Este servidor puede ser también el encargado de gestionar los trabajos y manejar el CTP (aunque en ocasiones se separan estas tareas en dos servidores o en un servidor y un cliente distintos).

Desde el flujo de trabajo se pueden filmar los trabajos por orden de relevancia, intercalar trabajos urgentes, duplicar trabajos o anularlos, hacer copias de seguridad y muchas otras opciones que facilitan la tarea de filmación y control de los tiempos.

4.6. CTP o filmadora

Existen en el mercado muchos tipos de CTP o filmadoras de forma impresora. En la elección del CTP intervienen diversos factores como el sistema de impresión para el que se trabaje, el formato o tamaño, el volumen de formas impresoras que se filman a diario, y por supuesto, también hay que tener en cuenta aspectos económicos.

Los productos más usados en este paso son las **formas impresoras** y **químicos** para el proceso de revelado y fijado.

En *offset,* por ejemplo, son planchas de aluminio que llevan una capa de emulsión presensibilizada de color verdoso o azulado.

Forma impresora de offset (plancha)

El revelado se realiza en una máquina conocida comúnmente como procesadora. Esta divide en dos partes:

- **Revelado.** Consta de un tanque lleno de **revelador** (sustancia alcalina) por el que la plancha es arrastrada mediante una batería de rodillos que la sumergen en el químico durante unos segundos. A su vez, mientras la plancha está sumergida en el tanque, un cepillo circular hace un barrido en la superficie.
- **Aclarado y fijado.** Posteriormente la plancha se cubre con una fina capa de un **producto protector** antioxidante compuesto principalmente de **goma** arábiga.

 Sabía que...

Actualmente ya existe una tecnología de planchas que no precisan de revelado con productos químicos. La emulsión sobrante se desprende con agua en contacto con el cuerpo de mojado de la máquina de impresión.

En ocasiones, al filmar la plancha puede quedar alguna imperfección o mancha (debida a diversas causas como una mota o un pelo). Esta mancha se puede eliminar o borrar si está en zonas blancas de la plancha (zonas sin emulsión) con productos para tal fin, como **rotuladores correctores** o un **gel** que se aplica con un **pincel.**

También puede ocurrir el caso contrario, que se produzca alguna pequeña rallada en las zonas de emulsión. En ese caso hay unos rotuladores **opacadores** que usados en su justa medida y con mucho cuidado pueden salvar la plancha y evitar que tenga que repetirse.

Consejo

Por norma solo se usa el opacador en zonas de lleno (100 % de trama), ya que por mucho pulso que se tenga es prácticamente imposible arreglar una imperfección en una zona tramada sin que se note.

En esta parte del proceso también es importante controlar el color. Por ello se necesitan instrumentos de medición y control como densitómetros, cartas de color, lupas de aumento o cuentahilos, etc.

Los residuos químicos se guardan en garrafas y unas empresas especializadas en residuos se encargan de recogerlos y tratarlos convenientemente.

Cuentahilos. Herramienta que permite aumentar la imagen para comprobar densidad de las tramas, pequeñas imperfecciones, etc.

5. Evaluación de los tiempos

En artes gráficas se trabaja contra pedido y calcular el tiempo exacto de entrega es complicado debido a la combinación de procesos y maquinaria que interviene en el proceso de fabricación. No obstante, es necesario planificar unos tiempos y mantener un control, comprobando que se está realizando según lo establecido.

Se necesita saber qué producción va a haber a corto plazo para poder elaborar el producto de la forma más eficiente. Es por ello que existe la figura del planificador.

La definición de las prioridades debe seguir algún criterio de optimización como, por ejemplo, las tintas o soportes que se van a usar, el tiempo de cambio, la importancia de los clientes o el formato de impresión.

La programación tiene como objetivos:

- Cumplir las fechas de entrega.
- Minimizar el tiempo y el coste de fabricación.
- Optimización de los recursos y maquinaria.
- Minimizar los "tiempos muertos".
- Minimizar los plazos de entrega.

 Definición

Tiempos muertos
Se entiende como tiempos muertos aquellos en los que no se produce fabricación de un producto por tareas de mantenimiento, cambios entre faenas, etc.

Por la configuración de una empresa de artes gráficas es necesario programar una planificación de los tiempos dinámica, es decir, se actualiza el programa de planificación conforme van entrando nuevos trabajos y puede ser muy variada según la maquinaria de la que se disponga.

Intervienen factores como el formato de las máquinas, la rapidez de impresión, manejabilidad, cantidad de cuerpos de color, etc.

Máquina de impresión offset de pequeño formato con un cuerpo entintador (© Fotografía: Shutter B Photo / Shutterstock.com)

Máquina de impresión offset de medio formato con varios cuerpos entintadores

---

? Sabía que...

A las máquinas de imprimir que son capaces de voltear el papel para imprimir el dorso en una sola pasada se las conoce como "máquinas de tiro/retiro".

En las dos imágenes anteriores se muestran dos máquinas de impresión *offset* muy distintas.

La primera es de pequeño formato y solo permite imprimir una tinta cada vez que pasa el papel por ella, así si se tiene que imprimir imágenes en cuatricromía deberán hacerse cuatro pasadas de impresión hasta obtener el resultado final. Si el impreso tiene imagen en el dorso, después habría que voltear el papel y hacer el mismo proceso que en la cara. Habría que entrar el trabajo 8 veces en la máquina de impresión para obtener el impreso final.

La segunda máquina tiene un formato medio (70 x 100 cm de tamaño de impresión aproximadamente) y consta de ocho cuerpos entintadores, con lo cual no solo imprime cuatricromías en una sola pasada, sino que es capaz de voltear el papel e imprimir también las cuatricromías del anverso en la misma pasada por máquina.

De lo cual se deduce que para imprimir un mismo número de páginas a color en la primera máquina se necesitará muchísimo más tiempo que en la segunda, tanto por pasadas de máquina como por cambios. También hay que tener en cuenta que los pliegos a imprimir en la máquina pequeña constarán de menos páginas debido al tamaño de impresión.

Ejemplo

En una revista de gran tirada hay que encartar un anuncio promocional con un cupón de descuento a una sola tinta y con un microperforado.

Imprimir algo tan pequeño y simple en una máquina de grandes proporciones no le generaría beneficio a la empresa, todo lo contrario. Solo el tiempo que se tardaría en poner a punto la máquina para empezar a imprimir ya sería superior al tiempo que la máquina estaría imprimiendo. Pero no se puede rechazar el encargo. Hay que recordar que este encarte va en una revista de gran tirada.

Ejemplo de encarte a una tinta con microperforado para poder romperlo por la línea de puntos

Para que imprimir algo tan pequeño no entorpezca la productividad de las máquinas de gran formato, en ocasiones, se incorpora maquinaria de distintos tamaños y prestaciones para optimizar al máximo la productividad.

Hay empresas especializadas en pequeño formato o cantidades cortas de tiraje, y otras, por el contrario, se especializan en ediciones más complejas con un gran número de ejemplares. Las pequeñas ofrecen servicios más dinámicos, con tiempos de entrega más cortos y pueden ajustar más los precios para impresos de pequeño volumen.

Hay ocasiones en que una misma empresa combina maquinaria tan dispar como la mostrada anteriormente para optimizar los tiempos, así se aprovechan al máximo las prestaciones específicas de cada máquina.

Resultado: se minimiza el coste de fabricación, se optimizan los recursos de la empresa y se reducen los tiempos muertos.

El dinamismo en edición impresa es muy alto, y ese dinamismo va creciendo exponencialmente a lo largo del proceso de impresión. Es algo habitual tener que hacer algunos trabajos urgentes con un plazo de entrega mínimo que hay que intercalar en la programación. Por ello, la carga máxima con la que cuenta la planificación no debe ser igual a la capacidad real de la maquinaria, debe ser algo inferior para que las urgencias no descuadren o retrasen toda la planificación semanal.

Las empresas del sector están en constante investigación para encontrar fórmulas que permitan realizar los trabajos con un menor gasto de recursos y unos tiempos de entregas más ajustados.

6. Mantenimiento: planes, organización, aspectos económicos

El concepto de mantenimiento data de la década de los años veinte al implantarse la producción en cadena. Cualquier avería, aunque fuera insignificante, afectaba a gran parte de la instalación y retrasaba el trabajo de toda la empresa.

En 1928, Albert Romand junto con un grupo de colaboradores estudió el mantenimiento por petición de un importante cliente. Transcurridos siete años de poner en práctica las conclusiones del estudio, observaron una notable mejoría en la productividad.

6.1. Planes de mantenimiento

Una empresa se crea orientándose hacia la producción, por ello se establecen unas infraestructuras mecánicas y de personal con unas características ideales para el trabajo a desarrollar.

La labor de mantenimiento es sumamente importante para asegurar el correcto funcionamiento de estas infraestructuras asegurando así la productividad.

Debido al desgaste, mal uso, suciedad, etc. el rendimiento de la maquinaria deja de ser el ideal. El mantenimiento ha de ser constante y arreglar o restaurar en la medida de lo posible sus componentes, pero el máximo rendimiento de la empresa vendría dado en una producción intensiva de toda la jornada laboral. Esto provoca que en ocasiones que se posterguen las tareas de mantenimiento en pro de la productividad. Es un error.

La pérdida de producción provocada por una avería es, por norma, superior a la provocada por tareas de mantenimiento. La finalidad de un mantenimiento correcto es minimizar las pérdidas económicas que puede causar una avería.

 **Consejo**

Un pequeño mantenimiento preventivo en periodos de tiempo cortos es mucho más rentable que realizar tareas de mantenimiento una vez al año.

En cuanto a la maquinaria existen dos tipos de mantenimiento:

- **Mantenimiento correctivo:** es el destinado a corregir un fallo mecánico que se produzca en un determinado momento. Se busca poner en marcha de nuevo el equipo rápidamente y con el menor coste posible. Para ello hay que identificar la avería y buscar la mejor alternativa para su reparación.
- **Mantenimiento periódico preventivo:** es el que se realiza regularmente y tiene como objetivo anticiparse a posibles averías de la maquinaria. Consta de inspecciones y revisiones programadas para lubricar engranajes, detectar piezas desgastadas, suciedad, obstrucciones, etc. Es fundamental haber analizado con anterioridad el funcionamiento de las máquinas y su

desgaste. Se trata de que el mantenimiento no lleve más tiempo del programado para que no se pierda más tiempo de producción del necesario.

Restos de tinta y suciedad acumulados en los engranajes de una máquina de impresión offset

Pero el mantenimiento no solo debe centrarse en la maquinaria, las instalaciones también sufren desgastes que en caso de avería pueden ocasionar una pérdida de volumen productivo.

 Consejo

Una instalación eléctrica obsoleta puede parar la producción en alguna sección o incluso en la empresa completa. Con cada nueva incorporación de maquinaria se debe reforzar el sistema eléctrico y hacer derivaciones, a ser posible, para cada una de las máquinas. Así se evita que repercuta en las demás máquinas la avería de una parte del sistema eléctrico.

 **Actividades**

12. Reflexione sobre si un correcto mantenimiento preventivo podría sustituir al mantenimiento correctivo. Razone sus conclusiones.

6.2. Organización

El éxito en la organización del mantenimiento es la planificación.

En la planificación se fijan unas metas y esas metas servirán de directriz para las funciones de control que determinarán la calidad de la gestión y organización del mantenimiento.

La organización del mantenimiento tiene una estructura piramidal, o sea, habrá una sola cabeza para toda la organización. La figura del supervisor o gestor de mantenimiento estará al mismo nivel jerárquico que el supervisor de fabricación. Dependerá directamente de dirección.

El equipo de mantenimiento trabajará al nivel de la producción para facilitar la integración y colaboración. Lo ideal es que haya un pequeño equipo de mantenimiento en cada departamento de fabricación.

Representación esquemática de un sistema piramidal

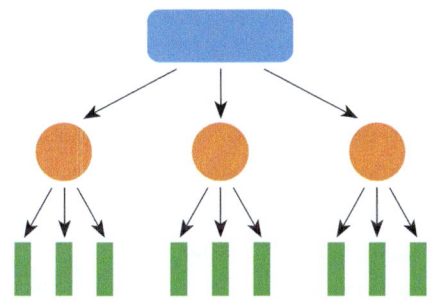

6.3. Aspectos económicos

Es de vital importancia llevar un control de los costos que implican las tareas de mantenimiento para evaluar su rentabilidad. Hay que estudiar los costos frente a los resultados obtenidos durante un periodo de tiempo y así establecer objetivos de reducción sobre los tiempos de paro por avería.

Para ello se lleva un registro de los costos de mantenimiento y los datos de producción, así se logran efectuar las operaciones de mantenimiento de forma eficiente y económica.

Costos directos de mantenimiento:

- **Costos de suministro.** Son los de los materiales físicos necesarios para la realización de las tareas de mantenimiento y reparación, como repuestos y herramientas.
- **Costos de mano de obra.** Corresponden a los salarios de los operarios de mantenimiento y a otros costos que no se pueden clasificar como suministros.

 Nota

Corresponderían a gastos de mano de obra el alquiler, los impuestos o la luz.

7. Recursos humanos

Según la capacidad de producción y la maquinaria necesaria para el desarrollo de los procesos del producto se establecen los puestos de trabajo y el perfil profesional que deben tener los operarios. Se puede dividir el personal de preimpresión en dos perfiles laborales.

7.1. Técnico de planificación

Profesional encargado de planificar el orden de los trabajos en función de la maquinaria, procesos y prioridades de entrega.

- Descripción del cargo:

  - Objetivo: ofrecer al cliente y a los departamentos internos la información necesaria para el cumplimiento de los trabajos.

- Responsabilidades:

  - Elaboración de presupuestos a clientes.
  - Elaboración de hojas de ruta y pedidos internos y externos.
  - Seguimiento y apoyo a la planificación de los trabajos.

- Relación con otros cargos:

  - Con todos los oficiales de planta a los que proporcionará información de los trabajos.
  - Reportará al coordinador de producción al que también dará apoyo en la planificación.

- Especificaciones del cargo:

  - Conocimientos requeridos:

    - Se requieren conocimientos profundos en todos los ámbitos del proceso gráfico industrial.
    - Conocimientos de colorimetría.
    - Conocimientos avanzados de ofimática.

  - Habilidades requeridas:

    - Trabajo bajo presión.
    - Capacidad de organización.

7.2. Oficiales de preimpresión

Personal cuyo cometido abarca desde la recepción de los encargos hasta la creación de la forma impresora.

- Descripción del cargo:

  - Objetivo: disponer de las pruebas y elementos necesarios para la reproducción de originales.

- Responsabilidades:

  - Digitalización de archivos, maquetación y creación de pliegos.
  - Elaboración de pruebas de color e imposición de pliegos.
  - Elaboración formas impresoras.
  - Mantenimiento de la maquinaria y el área de trabajo.

- Relación con otros cargos:

  - Con el técnico de planeación del que obtendrá información de los trabajos y a quien reportará las incidencias.
  - Con los oficiales de impresión a quienes proveerá del material para la elaboración de los productos.

- Especificaciones del cargo:

  - Conocimientos requeridos:

    - Conocimientos avanzados de informática (programas de autoedición e imposición).
    - Conocimientos medios de ofimática.
    - Conocimientos avanzados de maquinaria de preimpresión (funcionamiento y mantenimiento).
    - Conocimientos medios de impresión y materiales.

■ Habilidades requeridas:

ı Trabajo bajo presión.

Según hacia donde esté orientada la empresa, los requisitos pueden variar: idiomas o diseño gráfico (pero este perfil define casi al completo a los operarios de preimpresión).

No se han nombrado los puestos de trabajo de áreas externas a la de preimpresión, pero en realidad sus tareas influyen sobre este departamento (solo que de una manera indirecta como personal administrativo o de mantenimiento).

 Actividades

13. Conociendo ya el proceso de preimpresión, ¿qué otras características considera que serían válidas a la hora de contratar a un operario de CTP?

8. Resumen

El proceso de preimpresión es el primero de los procesos por el que se debe pasar hasta obtener un producto impreso acabado. Es muy importante hacerlo de manera metódica y con unos estándares de calidad, ya que la finalidad de la impresión es acercarse lo máximo posible al original que se debe reproducir o a la idea generada por el diseñador.

Hacer una valoración de los archivos una vez recepcionados con el *software* para tal fin evitará errores innecesarios y asegurará la estabilidad en el proceso.

Controlar la gestión de color y trabajar dentro de los perfiles ICC asegurará la correcta reproducción del color en distintos soportes. Con la ayuda de densitómetros o espectofotómetros y las pruebas de color se trabajará con valores estables de color.

Los diferentes tipos de *software* de interpretación y procesado de archivos digitales trabaja con lenguajes de descripción de página como PDF, XPS o *Postscript.*

Hay que planificar todos los pasos a seguir de manera precisa, sin saltarse ninguno por muy urgente que sea un trabajo.

Por último destacar que es importante hacer tareas de mantenimiento en las instalaciones y la maquinaria para minimizar las posibles averías producidas por desgaste o suciedad y evitar en la medida de lo posible pérdida de productividad.

Ejercicios de repaso y autoevaluación

1. **Complete los espacios libres de la siguiente frase:**

Como _____ se entiende el número de muestreos (píxeles) de la imagen por unidad de _____, a mayor número de muestreos mayor detalle. Cada muestreo corresponde a un _____, cuanto mayor sea la densidad de píxeles, mayor será la _____ de la imagen.

2. **Indique si las siguientes frases son verdaderas o falsas.**

a. Por sus características, las imágenes de tono continuo ofrecen una dificultad añadida a la hora de digitalizarlas.

☐ Verdadero
☐ Falso

b. La resolución corresponde a la densidad de píxeles que compone una imagen.

☐ Verdadero
☐ Falso

c. En el proceso de maquetación se ensamblan los textos y las imágenes generando un archivo digital que seguidamente se filma sobre la forma impresora.

☐ Verdadero
☐ Falso

d. Siempre es mejor trabajar con máquinas de impresión de gran formato y con bastantes cuerpos entintadores para poder hacer los trabajos más rápido, al no tener que hacer tantas pasadas de impresión.

☐ Verdadero
☐ Falso

e. Un operario de preimpresión debe tener conocimientos de colorimetría.

☐ Verdadero
☐ Falso

3. Explique qué es una imagen halftone y por qué es necesario que existan ese tipo de imágenes.

_____
_____
_____
_____

4. Escriba las diferencias y semejanzas entre el antiguo CTF y el CTP.

_____
_____
_____
_____
_____
_____
_____

5. ¿Qué dos elementos ayudan a reproducir el color en una prueba de manera fiel al resultado final?

_____
_____

6. A nivel jerárquico, ¿a qué altura se encuentra el gestor de mantenimiento en una empresa?

_____
_____
_____
_____

7. Relacione correctamente las definiciones siguientes:

    a. Digitalización.
    b. Correctivo.
    c. Disposición de equipos.
    d. PCL
    e. CMYK.

    __ Según sistema de impresión hacia el que se dirige.
    __ Tintas de proceso.
    __ Mantenimiento destinado a corregir en preimpresión un fallo mecánico.
    __ Transformar datos de un formato a uno digital.
    __ Lenguaje de descripción de páginas.

8. **¿Qué es la profundidad de bit? Ponga a qué espacio cromático corresponden los siguientes valores de profundidad de bit:**

    ▮ 1 Bit
    ▮ 8 Bits
    ▮ 24 Bits

9. **¿Qué es el lenguaje PostScript? ¿Es el sistema más usado actualmente?**

10. Indique si las siguientes frases son verdaderas o falsas.

a. Con la gestión del color se uniformiza el color entre distintos dispositivos y soportes.

☐ Verdadero
☐ Falso

b. El éxito de la organización del mantenimiento es la planificación.

☐ Verdadero
☐ Falso

c. Un oficial de preimpresión no es necesario que tenga conocimiento de todos los sistemas de impresión existentes, solo de *offset.*

☐ Verdadero
☐ Falso

d. Algunos sistemas de impresión trabajan en modo de color RGB.

☐ Verdadero
☐ Falso

11. Existen tres tipos de CTP que en su configuración física se diferencian. ¿Cuáles son?

_____
_____
_____
_____
_____
_____
_____

12. Complete los espacios libres de la siguiente frase:

Las primeras pruebas fueron las _____, que se realizaban a partir de fotolitos. Sin embargo, esta técnica se abandonó gracias a la tecnología CTP (_____), en la que ya no se necesitan los _____, sino un simple archivo _____ que se imprime a través de sublimación, inyección de _____ o láser de color.

13. ¿Qué significan las siglas RIP y cuál es su función?

_____
_____
_____
_____

14. Complete los espacios libres de la siguiente frase:

En ocasiones, al filmar la plancha puede quedar alguna imperfección o mancha. Esta mancha se puede eliminar o borrar si está en zonas blancas de la plancha con productos para tal fin como _____ o un _____ que se aplica con un _____.

15. ¿Cuáles de los siguientes utensilios o materiales no encajan?

     a. Reglas.
     b. Tijeras.
     c. Rollos de papel.
     d. Gomas.
     e. Cola.
     f. Cizalla.
     g. Opacador.

Contratación y supervisión de trabajos de preimpresión

Contenido

1. Introducción
2. Prospección de mercado de proveedores de trabajos de preimpresión
3. Contratos con proveedores de trabajos de preimpresión acuerdo con la normativa ISO
4. Resumen

1. Introducción

Para conocer la situación del mercado de preimpresión hay que hacer primero una breve introducción del sector gráfico (conocido también como artes gráficas).

El sector gráfico se puede dividir en cuatro grandes bloques o sectores según sean las empresas que los componen:

- Edición y/o diseño.
- Preimpresión.
- Impresión.
- Manipulación y acabados.

Se podría también añadir un quinto bloque que correspondería a las empresas dedicadas a la manipulación del papel y el cartón, aunque hay quien las incluye en el bloque de manipulación y acabados.

España no es un país de grandes corporaciones, sino que la gran mayoría de empresas son de pequeño o mediano tamaño. El sector gráfico no es una excepción. Este se caracteriza por una gran atomización sobretodo en impresión y preimpresión.

Es extraño encontrar empresas que realicen el proceso gráfico completo, por lo que alguna de las fases es derivada a otras empresas especializadas en ello.

Es necesario, por tanto, estandarizar el procedimiento y moverse dentro de unos estándares de calidad para tener todo el proceso controlado y evitar resultados indeseados.

2. Prospección de mercado de proveedores de trabajos de preimpresión

Todos los sectores dependen de una evolución positiva de la economía, y el sector gráfico tampoco es una excepción. El gasto publicitario y promocional va directamente ligado con el sector. También está influenciado por el incremento demográfico y el nivel socioeconómico de la población que determina el consumo de productos impresos.

Otra de las características del sector es que tiene un alto grado de atomización, es decir, que predominan las pequeñas y medianas empresas. Aproximadamente tres cuartas partes de las empresas del sector no superan los diez trabajadores en plantilla.

 Sabía que...

La media del número de trabajadores que albergan las empresas del sector es de 15.

El gráfico es un sector muy competitivo, especialmente en cuanto a precio se refiere, aunque cada día se valora más la calidad del producto acabado y unos plazos de entrega más ajustados.

A continuación se presenta un gráfico del sector.

Esquema del sector de artes gráficas

Material informático, óptico, fotográfico	**Preimpresión** composición, fotocomposición	Editores: libros, tarjetas, revistas...
Maquinaria: impresión, encuadernación, manutención		Editores: catálogos, publicidad...
Industria química: tintas, disolventes, etc.	**Impresión** *Offset,* huecograbado, serigrafía, flexografía, digital	Embalajes: papel, cartón, plásticos...
Industria papelera: papel, cartón, otros soportes	**Acabado** Plegados, encuadernación, troquelados...	Impresos fiduciarios: cheques, décimos de lotería...

Destinado a

Actividades

1. Explique por qué afecta de una manera tan directa al sector gráfico la evolución de la economía. Reflexione sobre ello pensando en al menos un caso concreto.
2. La integración cooperativa favorece la interactuación entre empresas. ¿Por qué considera que es importante?

2.1. Datos macroeconómicos del sector gráfico

Dentro de la economía española el sector gráfico ocupa un lugar relevante por su dinamismo y competitividad, con más de 14.000 empresas dedicadas al sector.

La distribución territorial del empleo está asociada a la localización de las empresas. Cataluña lidera el sector gráfico, seguido de cerca por la Comunidad de Madrid, Andalucía y la Comunidad Valenciana, y ya, en menor grado, País Vasco y Galicia.

Mapa de la distribución territorial de las empresas del sector en España

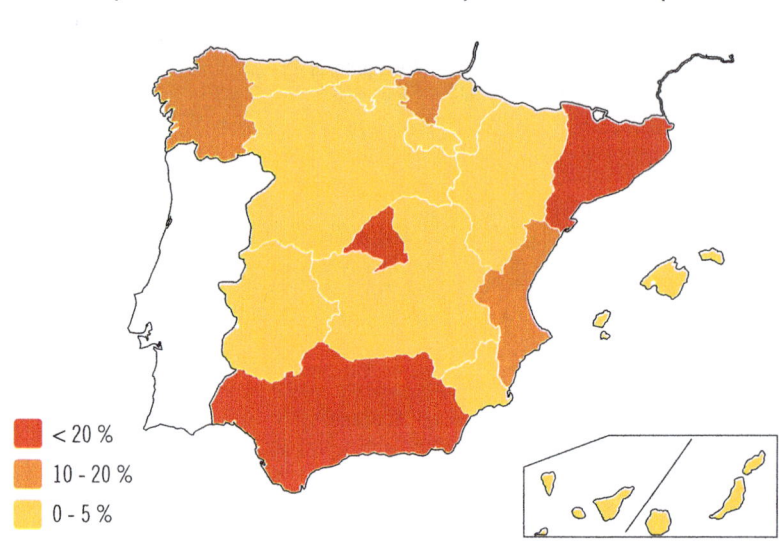

< 20 %

10 - 20 %

0 - 5 %

A nivel europeo el sector también tiene un peso importante con una estructura empresarial de más de 100.000 empresas que emplean a casi 1.000.000 de operarios.

España ocupa el tercer puesto en número de compañías y el quinto en volumen de producción a nivel europeo, por detrás de países como Alemania y Reino Unido, que lideran el sector.

 Nota

Alemania representa el 25 % del total de cifra de negocio en Europa, es por tanto el país puntero de la Unión en tecnología orientada al sector. Prueba de ello son las ferias del sector (como la DRUPA) que son las más importantes a nivel europeo.

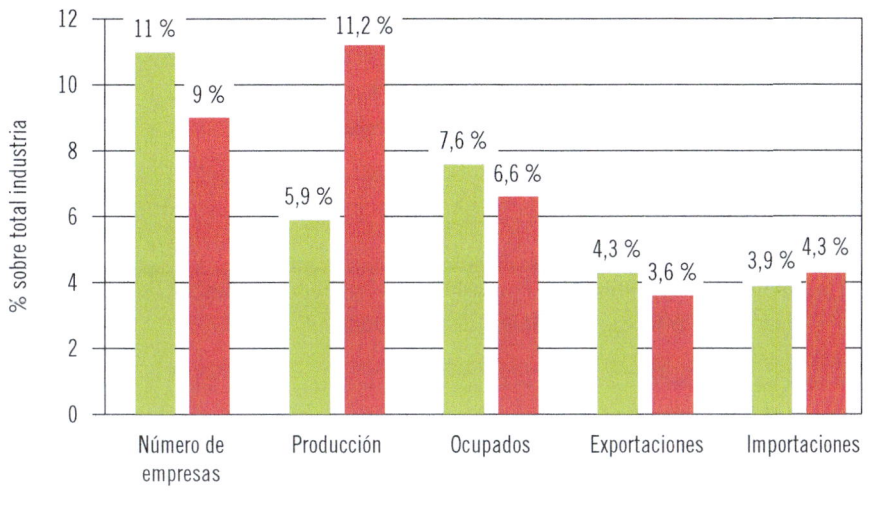

Gráfico del sector sobre el total de la industria.

■ España
■ UE - 27

Fuente: Eurostat, Chelem
Ámbito Sectorial: CNAE-2009 Divisiones 17 y 18; Códigos ISIC: 21 y 22

2.2. Organización de las empresas

Según cómo esté organizada la empresa se dividen en:

 Actividades

3. En el sitio web de FEIGRAF (Federación Empresarial de Industrias Gráficas en España) encontrará información sobre la prospección de mercado de las artes gráficas a nivel nacional y europeo. En un mercado cada vez más globalizado es importante conocer un poco mejor la evolución del mercado europeo. Infórmese al respecto.

- **Empresas integradas:** son aquellas que integran más de una fase del proceso gráfico ofreciendo un producto íntegro sin derivar a proveedores externos.

  Ejemplo: un periódico sería una empresa integrada porque engloba edición, preimpresión, impresión y postimpresión.

- **Empresas especializadas:** son las que se dedican solamente a una de las fases del proceso, por tanto para ofrecer un producto completo dependen de la colaboración comercial de otras empresas externas.

  Ejemplo: sería una empresa especializada aquella que se dedique exclusivamente a la digitalización de archivos.

2.3. Tendencias del sector

Debido al grado tecnológico del sector las empresas asumen periódicamente costos para mantenerse actualizadas y adaptarse a los rápidos cambios tecnológicos. Se tiende hacia la automatización del proceso y hacia equipos polivalentes que permitan tiradas más cortas y personalizadas. Por ello está en auge la impresión digital, ya que permite hacer tiradas mínimas muy pequeñas en tiempos muy cortos y aun así resulta rentable debido a que no precisa de forma impresora.

Esto se debe a que en impresión digital no es necesaria la forma o molde impresor, los datos van directos del equipo informático a la impresora. Esto permite un considerable ahorro de tiempo y dinero en el proceso de preimpresión, quedando dichas labores reducidas a la digitalización de los originales (en el caso de que no lo estén ya), el ensamblado de textos e imágenes y la compaginación e imposición de los pliegos.

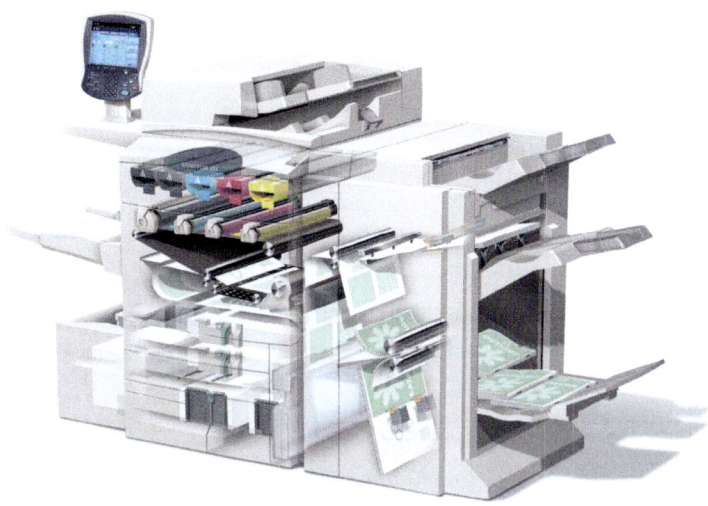

Impresora digital. Como se puede observar, no hay forma o molde impresor.

Impresión digital personalizada de etiquetas adhesivas

Actualmente, se está viviendo un inmenso cambio en el sector debido, entre otros avances, a la integración de la Inteligencia Artificial (IA) en las tecnologías que se usan sobre todo en los procesos de automatización en los procesos de producción.

Por otra parte, la sostenibilidad se ha convertido en un objetivo primordial en la industria, transformando los procesos de impresión con la intención de ser más respetuosos con el medio ambiente, atendiendo sobre todo al uso de consumibles y a la reducción de los productos desechables.

 Actividades

4. Bajo su punto de vista y teniendo en cuenta la evolución tecnológica, ¿por qué cree que tiene tanto auge la IA?

Pero dejando de lado la impresión digital, el resto de sistemas de impresión también se caracterizan por su alto grado tecnológico. Ello implica incrementos de las inversiones en renovación de maquinaria en áreas preimpresión e impresión, buscando un aumento de la productividad y reduciendo así tiempos de preparación, ajuste o espera.

 Sabía que...

La incorporación de estos avances tecnológicos permite que la localización de las empresas no esté tan supeditada como antes a la cercanía de los clientes.

Por todo ello es importante el establecimiento de estándares de calidad que permitan competir a nivel internacional con otras corporaciones.

Prolifera la aparición de nuevas empresas con los procesos integrados en el campo de las nuevas tecnologías (automatización).

2.4. Evolución de la preimpresión

Nada o poco queda ya de la antigua fotomecánica que se centraba en la reproducción de originales mediante fotolitos.

Los profesionales componedores y fotocomponedores dominaban el proceso de la reproducción de tal manera que incluso llegaron a contar con congresos propios del sector donde intercambiaban conocimientos o desarrollaban tecnologías innovadoras como el tramado estocástico (trama FM) o la hexacromía (impresión en 6 tintas que permite ampliar el gamut de color en impresión para acercarse al gamut RGB).

Linotipista picando textos en una antigua linotipia

 Definición

Componedor
Profesional dedicado a la composición de textos tradicionalmente en galeradas. Fue el sucesor del linotipista.

Fotocomponedor
Operario especializado en retoque de imágenes y fotocomposición.

La revolución digital

Con la llegada de la era digital y los escáneres, la composición y la foto-composición se fusionaron dando lugar a lo que hoy en día se conoce como preimpresión, integrándose a ella tareas de diseño, maquetación y corrección de estilo.

Posteriormente, en la década de los 80 y con la incorporación de equipos informáticos en el sector, se integró también la composición electrónica de páginas.

El preimpresor hoy en día ha tenido que adaptarse a esta nueva situación reciclándose para asumir nuevas tareas como encargase de gestionar y proporcionar toda clase de servicios gráficos.

 Sabía que...

La evolución de las redes de información junto con la crisis económica ha hecho que una gran parte del producto publicitario se encamine hacia internet en detrimento de la publicidad impresa.

Para adaptarse a esta situación es tarea también de los servicios de preimpresión ofrecer soluciones publicitarias para la red, ya sea en la propia empresa o ejerciendo de gestor para la búsqueda de soluciones externas.

Mucho más que preimpresión

Como se sabe, la preimpresión ha evolucionado para convertirse en un gestor de servicios gráficos integrados. Esto implica tener conocimiento de los sistemas de impresión para poder asesorar al cliente a la hora de elegir los medios más adecuados para la reproducción más idónea. En definitiva se trata de un servicio íntegro que implica conocer al cliente y proporcionarle todas las soluciones hasta la entrega y distribución del producto final ofreciendo un servicio de calidad dentro de los tiempos de entrega estipulados.

Impresión digital integrada

A pesar del aire conservador que siempre ha tenido la preimpresión, el mercado se encamina cada vez más a incorporar equipos de impresión digital ofreciendo así un valor añadido al cliente al proporcionar este servicio sin tener que externalizarlo. Se considera una evolución natural de toda empresa que desee estar en consonancia con los tiempos modernos.

 Actividades

5. La tendencia actual es integrar la impresión digital a la preimpresión. ¿Por qué cree que sucede esto en vez de integrarse a la impresión?

Bases de datos

Los bancos o bases de datos son vitales para una buena organización en un servicio de preimpresión, ya que gestionan y almacenan todos los datos correspondientes al cliente (desde datos de contacto o facturación a trabajos digitales terminados o copias de seguridad del material).

Toda la información se guarda indexada en un servidor al que tienen acceso todos los equipos informáticos conectados de los distintos departamentos de la empresa (administración, producción, logística, etc.).

Las bases de datos alojadas en un servidor intercambian información hacia y desde cualquier equipo informático conectado

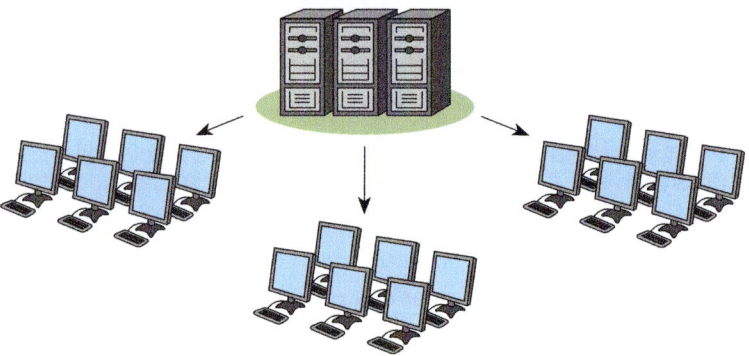

Definición

Indexar
Acción de registrar ordenadamente información a través de la elaboración de un índice para una búsqueda de los datos más rápida y precisa.

Índice
Estructura de datos que proporciona las bases para un acceso rápido a los registros y campos de datos.

Las bases de datos proporcionan fiabilidad y seguridad a la producción gráfica, minimizando los riesgos de errores y de pérdidas de datos.

Actividades

6. Aparte de lo explicado en esta sección, ¿por qué es necesaria una correcta gestión de las bases de datos según su opinión?

Principales cambios en preimpresión

Los cambios más significativos que se están viviendo en preimpresión giran en torno al color, a la impresión digital y a la sostenibilidad.

Los estándares de reproducción del color ya no se centran únicamente en la escala Europa, si no que se exploran nuevas dimensiones de color como la hexacromía. Como se sabe, el gamut en RGB es más amplio que en CMYK.

 Recuerde

El ojo humano, los monitores, los escáneres y las cámaras fotográficas trabajan en síntesis aditiva o RGB.

Esto conlleva, en ocasiones, que el cliente no se sienta del todo satisfecho con la reproducción impresa de su trabajo, especialmente si son trabajos delicados como reproducciones de obras de arte, fotografía o incluso catálogos de mobiliario.

Por norma, se trate del producto que se trate, la preimpresión pretende reproducir el color lo más exacto posible, pero en casos como los citados anteriormente resulta imprescindible que la impresión sea fiel a lo que el ojo humano vería en directo.

El espacio de color CMYK pierde más gamut en la zona de los verdes y los naranjas brillantes allí donde RGB los reproduce sin ningún problema. La hexacromía incorpora una tinta naranja y una verde brillante para compensar esta carencia y acercarse al espacio de color RGB, aportando así una nueva dimensión del color impreso.

Imprimir en hexacromía tiene también sus desventajas, ya no se precisan cuatro formas impresoras para reproducir una imagen, se precisan seis, lo que supone un incremento del 50 % del coste de puesta en máquina. Por tanto, imprimir en hexacromía solo es rentable para grandes tiradas.

Si se decide trabajar en este espacio de color hay que hacer especial hincapié en la gestión del color y los perfiles ICC.

En impresión digital (especialmente en la de gran formato) también se está incorporando este sistema, que además, al no precisar formas impresoras resulta más rentable que en los sistemas de impresión convencional.

Actividades

7. Busque información en internet sobre la evolución de la impresión y la preimpresión donde se hable de la hexacromía.
8. Responda a la siguiente pregunta: la impresión digital, ¿también evoluciona hacia una impresión en hexacromía? En el caso de ser así, ¿qué otras tintas suelen incorporarse? ¿Son también un verde y un naranja brillante como en impresión *offset?*

En esta imagen se aprecia la diferencia entre la separación de color convencional (abajo) y la UCR (arriba) y el resultado final. Como se observa, la cantidad de tinta en las separaciones CMY es muy inferior.

De cara a hacer una industria gráfica más sostenible se han creado nuevas técnicas de reducción del color a la hora de hacer las separaciones como el UCR *(Under Colour Removal)*. Con este sistema se obtiene un considerable ahorro de tinta mejorando la impresión.

Esta técnica consiste en trasladar a la separación del negro muchos de los detalles que se imprimían en el resto de colores de la cuatricromía.

También se están implementando sistemas de gestión del color más sostenibles y se están adoptando tintas a base de agua o tintas sostenibles.

El futuro de la preimpresión

Debido a los avances tecnológicos la producción impresa ha disminuido su volumen en detrimento de otros medios de publicitación. Aun así, en el futuro se prevé que no disminuirá más la producción impresa, pero sí que evolucionará hacia la integración de la preimpresión y la impresión.

Esto se debe a la incorporación de la impresión digital en preimpresión y a que los nuevos sistemas CTP de filmación de planchas se encaminan a reducir pasos y materiales, evitando el proceso de revelado de la plancha que se revela directamente en el cuerpo mojador de la máquina de impresión. La figura del preimpresor y del impresor van camino de fusionarse.

 Aplicación práctica

Llega un encargo a la sección de preimpresión de una empresa dedicada únicamente a la impresión de gran tirada en *offset*. El cliente pide la impresión de 5000 folletos de su empresa, 500 tarjetas de visita y 30 camisetas con su logotipo. Viendo las características del encargo se deduce que no es posible realizarlo íntegramente en su empresa. ¿Cuáles serían los pasos a seguir?

SOLUCIÓN

En primer lugar hay que valorar cuáles serían los sistemas de impresión que precisa cada parte del encargo:

Continúa en página siguiente >>

<< Viene de página anterior

- 5000 folletos: *offset.*
- 500 tarjetas de visita: digital.
- 30 camisetas: serigrafía.

A partir de aquí informaría al cliente de los procesos para realizar el encargo y le proporcionaría solución para todos ellos ofreciendo así servicios gráficos integrados.

Si la sección de preimpresión cuenta con impresión digital, las tarjetas se realizarán en la propia empresa sin tener que subcontratar ninguna otra.

La impresión de los folletos se realizará en *offset,* así que hay que preparar las formas impresoras correspondientes y derivar el encargo hacia la sección de impresión de la propia empresa.

Y por último, para la realización de las camisetas, subcontrataría a una empresa especializada en impresión serigráfica.

Con todo ello se ofrecerá al cliente un servicio integral.

---

3. Contratos con proveedores de trabajos de preimpresión acuerdo con la normativa ISO

En la era de la revolución industrial, los talleres artesanales dieron paso a las fábricas de producción en cadena. Estas factorías no siempre fabricaban un artículo terminado, sino que hacían piezas o partes que debían ensamblarse posteriormente.

Para asegurar este proceso había que estandarizar la fabricación de las partes o piezas para el correcto ensamblaje, ya que no siempre se obtenían estas piezas de una misma fábrica, sino que se contaba con varios proveedores.

La **ISO** *(International Standarization Organization)* es un organismo internacional que se encarga de la normalización y estandarización a nivel mundial. Se compone de una federación de organismos nacionales, los cuales actúan como oficinas delegadas de normalización de cada país. Estas oficinas cuentan con un comité técnico encargado de llevar a cabo las normas. En España la oficina delegada es AENOR.

Las normas son un patrón o criterio a seguir cuya finalidad es definir las características que debe tener un producto para asegurar su compatibilidad al ser usado en otros países. En definitiva se trata de unificar los productos a nivel internacional. Las normas pueden ser cuantitativas o cualitativas.

Como en cualquier actividad comercial, a la hora de solicitar servicios gráficos se realiza mediante la formalización de un **contrato,** y este es conveniente hacerlo siguiendo unos estándares que aseguren la calidad en el cumplimiento de los requisitos.

 Definición

Contrato
Acuerdo entre dos partes (proveedor y cliente) en la que ambas se comprometen a cumplir unos requisitos. La parte contratante compensa (normalmente económicamente) a la parte contratada por la prestación de un servicio. El contrato es un acuerdo de voluntades por el cual cada una de las partes tiene tanto unos derechos como unas obligaciones a cumplir.

A la hora de encargar trabajos de preimpresión externos, en primer lugar es preciso conseguir información o disponer de un listado de empresas que puedan proporcionar los servicios que se precisan.

 Nota

Estos listados se pueden obtener a través de la web de la asociación de empresas de artes gráficas (Neobis): <https://www.neobis.es/socios-neobis/>.

Una vez se dispone de la empresa elegida para realizar el servicio se elabora un informe en el cual hay que indicar una serie de cuestiones:

- **Solicitud de presupuesto:** en la que hay que indicar las características completas del trabajo encargado.
- **Trabajo a realizar por parte de la empresa de preimpresión:** como puede ser tratamiento de textos, digitalización de imágenes, solicitud de pruebas de color, composición de páginas, características de la imposición, realización de las formas impresoras, etc.
- **Realizar un plan de calidad:** un plan de respuestas a lo solicitado como por ejemplo realizar un *preflight* de los archivos para su verificación:

  - Comprobar que las fuentes estén incrustadas y con todos los permisos, la calidad (resolución) y modo de color de las imágenes, la composición de páginas, si se incluyen perfiles de color, etc.
  - Indicar cómo se va a evaluar el material resultante. Mediante las pruebas de color, original proporcionado por el cliente, etc.

- Es aconsejable también incluir un **breve cuestionario de gestión de calidad** para evaluar a la empresa subcontratada donde se hagan preguntas tipo:

  - ¿Tienen gestión de la calidad? ¿Están certificados en las normas ISO 9001 de calidad? (En caso afirmativo entregar una copia). ¿Tienen un responsable de la gestión de la calidad? ¿Realizan informes de acciones correctivas/preventivas ante una no conformidad? ¿Tienen una política de calidad? (En caso afirmativo entregar una copia).

En el cuestionario se pueden añadir también preguntas sobre la gestión medioambiental de la empresa subcontratada.

En la siguiente página, se muestra un contrato dividido en cinco partes (A, B, C, D y E).

CONTRATO DE PRESTACIÓN DE SERVICIOS de PREIMPRESIÓN

PEDIDO DE ACUERDO CON EL PRESUPUESTO nº 13/2300921

Descripcción del producto:
1 pliego tamaño abierto 297x210 mm. tamaño cerrado 148,5 x 210 mm. en papel offset blanco de 170 gr. con hendido central.
Número de páginas: 4
Impresión:
En cuatricromía por ambas caras. Sistema offset.
Máquina Printmaster GTO 52.
Acabados:
plastificado mate por ambas caras. Sin barniz selectivo.
Cantidad tirada:
3500 uds.
Total formas impresoras:
8 uds.
Imposición:
1 forma tiro/retiro

Material entregado:
- Muestra impresa con indicaciones.
- CD con imágenes, textos y tipografías.

Trabajo a realizar:
- Composición de textos, tratamiento de las imágenes y creación del pliego en base a la muestra impresa siguiendo sus indicaciones.
- Realización de prueba de color para verificación y validación por parte del cliente.
- Preflight de los archivos digitales PDF (a tener en cuenta):
• Textos
• Tipografías
• Imágenes
• Composición
• Perfil de color
La prueba de color será revisada tanto en color como en contenido conforme la muestra entregada y sus indicaciones.

Plazo de entrega prueba de color:
3 días hábiles tras la entrega del material
Plazo de entrega de las formas impresoras:
2 días hábiles tras la aprobación de la/s prueba/s

En Cáceres a 2 de febrero de 2024

SELLO

Empresa contratante:
Gráfismos Manuel S.L.
Domicilio:
C. Recodo 25. Pol. Ind. 02702 Cáceres.
Contacto:
Manuel Díaz. T 666 666 666. mdiaz@diaz.com

Empresa contratada:
Servicios Gráficos Recopia S. L.
Domicilio:
C. Nueva 12. 02702 Cáceres.
Contacto:
María. T 600 600 600. maria.l@recopia.es

Cuestionario de gestión de calidad y gestión medioambiental:
• ¿Tienen gestión de la calidad? SI / NO
• ¿Están certificados en las normas ISO 9001 de calidad? SI / NO
• En caso afirmativo entregar una copia.
• ¿Tienen un responsable de la gestión de la calidad? SI / NO
• ¿Realizan informes de acciones correctivas/preventivas ante una no conformidad? SI / NO
• ¿Tienen trazabilidad del producto? SI / NO
• En caso afirmativo ¿Cómo?

• ¿Tienen una política de calidad? SI / NO
• En caso afirmativo entregar una copia.
• ¿Tienen un SGM (Sistema de Gestión Medioambiental)? SI / NO
• ¿Están certificados por la norma ISO 14001 de gestión medioambiental u otra normativa? SI / NO
• En caso afirmativo, entregar copia.
• ¿Hay un responsable del SGM? SI / NO
• Ante una no conformidad o riesgo medioambiental ¿realizan acciones correctivas/preventivas? SI / NO
• ¿Tienen una política medioambiental? SI / NO
• En caso afirmativo entregar una copia.

Requisitos legales
- Plazos de entrega:
En caso de no entregarse de acuerdo al tiempo establecido tendrá una penalización de un 10% del total del importe de la factura por cada día hábil de retraso.

- Cumplimiento correcto del trabajo de acuerdo al pedido y a las especificaciones indicadas, de no ser así el proveedor se compromete a la repetición sin cargo del trabajo además de un descuento del 50% como compensación en la factura final.

- Se entregarán copias de todos los documentos utilizados durante el proceso del trabajo a realizar.

- Política de protección de datos
No podrán comunicar, informar o traspasar ningún elemento del trabajo realizado a otras empresas ajenas a las que han pedido el trabajo.

Ejemplo de contrato

A. Datos de la empresa, dirección, contacto, etc.

B. Descripción de las especificaciones y requerimientos del trabajo a realizar incluyendo plazos de entrega.

C. Breve cuestionario referente a la gestión medioambiental y de calidad de la empresa subcontratada.

D. Requisitos legales en cuanto a penalizaciones, política de privacidad, etc.

E. Fecha y sello.

 Actividades

9. Indique de qué manera cree usted que benefician los contratos estandarizados a ambas partes.

3.1. Especificaciones técnicas del producto

La función de la estandarización es homogeneizar los criterios para asegurar la uniformidad de fabricación del producto independientemente de donde haya sido impreso. Existen varios motivos por los cuales es conveniente estandarizar el proceso.

A nivel comercial la empresa puede competir en mercados internacionales en igualdad de condiciones de calidad, ya que el mercado se dirige hacia la globalización.

Los trabajos se hacen bajo estándares de colorimetría internacionales, por tanto se puede imprimir un catálogo en Alemania y debe quedar igual que si se imprime en España. Se asegura un color y unos acabados precisos y objetivos.

Con la estandarización se reducen tiempos de producción y hay un menor desperdicio de materias primas. Con ello se ajustan los tiempos de entrega, lo cual hace más rentable el negocio.

Sabía que...

La implementación de las normas de estandarización en una empresa no supone una gran inversión teniendo en cuenta los beneficios que aporta. Esta inversión se amortiza en un periodo de tiempo bastante corto.

Todo esto conlleva también una reducción del impacto negativo en el medio ambiente, mayor calidad con menor costo y aumenta la confianza y eficiencia.

Existen estándares que indican cómo realizar un PDF, cómo imprimir en varios sistemas, cómo asegurar la calidad en el proceso, cómo trabajar con seguridad, etc.

Algunos estándares lo son a nivel nacional (como GRACOL o SWOP para Estados Unidos) y otros son internacionales como en el caso de la Norma ISO.

Un organismo de referencia para la impresión es **FOGRA.** Es la asociación para la investigación en las artes gráficas alemana (Forschungsgesellschaft Druck e. V., FOGRA) y publica datos para impresión de periódicos, litografía *offset* y serigrafía basándose en los respectivos estándares ISO 12647.

En el caso de las aplicaciones gráficas usadas en preimpresión *Adobe* incluye perfiles basados en especificaciones de FOGRA como los perfiles *Euroscale Coated* y *Euroscale Uncoated*.

 Definición

ECI (European Color Initiative)
Es el organismo principal de creación de perfiles de color basados en los datos de FOGRA y los estándares de impresión de la ISO 12647.

La Norma ISO 12647 establece los parámetros de estandarización para la fabricación del producto gráfico asegurando la obtención de un resultado satisfactorio.

Trabajar bajo la Norma ISO ofrece tanto al proveedor como al cliente un proceso controlado que asegura el cumplimiento del contrato proveedor/cliente.

Seguidamente se explicarán las principales características de la Norma ISO 12647 y de otras relacionadas con los trabajos de preimpresión.

Norma ISO 12647: procesos de control para la manufactura de separaciones de color de semitonos, pruebas y producción de impresos

La Norma establece los estándares internacionales que regulan los procesos gráficos obteniendo un nivel óptimo de calidad. Fue publicada en 1996 y se van realizando revisiones y modificaciones de forma periódica.

La **Norma ISO 12647** está dividida en siete apartados:

- ISO 12647-1: 2013 – Parte 1. Parámetros y métodos de medición.
- ISO 12647-2: 2013 – Parte 2. Procesos *offset*.
- ISO 12647-3: 2013 – Parte 3. Litografía *offset* y tipografía.
- ISO 12647-4: 2013 – Parte 4. Procesos huecograbado.
- ISO 12647-5: 2012 – Parte 5. Procesos serigrafía.
- ISO 12647-6: 2012 – Parte 6. Procesos flexografía.
- ISO 12647-7: 2016 – Parte 7. Procesos impresión digital.

La Norma fija los parámetros de tolerancia y aspectos visuales del impreso minimizando las diferencias entre la prueba de color y la impresión final.

Con la implementación de la Norma ISO 12647 se proporciona a la empresa una serie de ventajas como:

- Normalización del proceso de impresión asegurando una reproducción fiel y homogénea. Debido a los estándares de colorimetría se asegura una reproducción sin apenas pérdida de gamut.

- Permitir el empleo de perfiles ICC que supone una mejora en el área de preimpresión. El perfil ICC describe la forma de trabajar el color dependiendo de las condiciones del trabajo.
- Asegurar la correcta repetición o reimpresión de trabajos estabilizando la reproducción del color. Gracias a los parámetros de estandarización y a los perfiles ICC al repetir una impresión pasado un tiempo el resultado será el mismo que la primera vez, sin variaciones.
- Mejora de la calidad del producto. Debido a que asegura los resultados previstos.
- Estabilizar la reproducción del color en la máquina de impresión. Aunque se imprima sobre distintos soportes la diferencia de color será apenas perceptible.
- Mejora de los flujos de trabajo. Los parámetros ya están estudiados y establecidos de antemano sin tener que ir testeando cada vez.

A parte de las ventajas mencionadas anteriormente con la implementación de la Norma se obtiene un proceso de mejora y conocimiento de la empresa. En muchas ocasiones el impresor desconoce las condiciones reales de impresión como la ganancia de punto, la colorimetría de las tintas o el balance de grises.

Disponer de un certificado ISO es una tendencia en alza que se solicita cada vez más por parte de los clientes.

Implementación

La implementación a veces se confunde con la certificación, pero se trata del paso previo a la certificación y consiste en una **asesoría técnica** para determinar la metodología de trabajo a adquirir para asegurar los resultados que la Norma determina dentro de sus parámetros de tolerancia.

Para la implementación hay que hacer un estudio de los materiales usados (como tintas y soportes), una revisión de la maquinaria de impresión y la calibración de los dispositivos (como RIP, *plotter,* monitores, etc.).

En este estudio se recopilan los datos técnicos de los dispositivos en preimpresión, impresión, así como el instrumental de medición y control de calidad. Estos datos permiten detectar posibles carencias o limitaciones para la implementación. Dependiendo de la empresa que esté implementando la Norma ISO serán de un tipo u otro. Cada una tiene las suyas propias que han creado dentro de los parámetros de la Norma o bien incorporarán las tiras UGRA/FOGRA *Media Wedge* que actualmente se han convertido en el estándar de la industria gráfica.

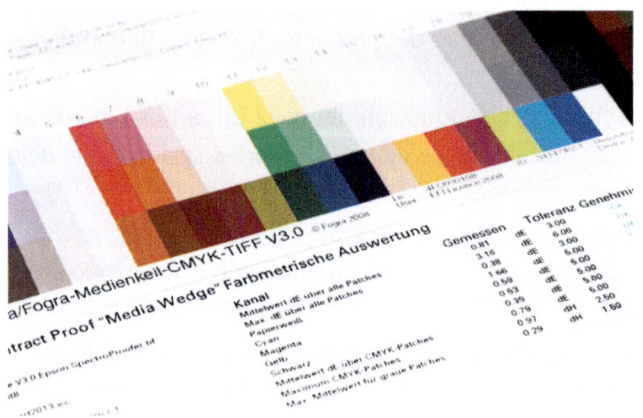

Tira de control del color UGRA/FOGRA Media Wedge

Estas tiras de control del color se testean con instrumentos de medición tanto de color como de densidad y se comparan con unas tablas que indican los parámetros de tolerancia coincidentes con la Norma.

Puede darse el caso de que, según el sustrato, haya alguna zona de color (o varias) que no entre en los parámetros. En ese caso hay que ajustar y calibrar los dispositivos con la compensación de color pertinente para llegar a los valores establecidos por la Norma, y esto se hace por medio de curvas de calibración. Con estas curvas se ajustan los dispositivos y quedarán dentro de los parámetros de la Norma.

A partir de aquí hay que trabajar aplicando estas curvas personalizadas que se adaptarán al soporte que se vaya a imprimir.

Actividades

10. ¿A qué puede ser debido que la impresión varíe y no entre en los parámetros de tolerancia dependiendo del sustrato y deban crearse distintas curvas de color para esos sustratos?

Como resultado de la implementación de la Norma se obtiene:

1. Definición del método de trabajo de la empresa para ajustarse a los parámetros de la Norma.
2. Ajuste, calibración y verificación de los dispositivos de filmación.
3. Ajuste de la densidad de tinta en el tiraje de máquina para ajustarse a la colorimetría específica.
4. Viabilidad de responder al estándar de la Norma.

Certificación

La **certificación** consiste en una auditoría técnica que consta de *test* de análisis para validar que la empresa cumple con las especificaciones de la Norma.

No solo se trata de tener el equipo y la maquinaria ajustada, sino también de poseer los conocimientos necesarios para aplicar una metodología de trabajo acorde que garantice una impresión dentro de los parámetros y tolerancias de la **normativa ISO 12647** (en el apartado correspondiente).

Una vez realizada la auditoría, si los resultados son positivos se obtiene la certificación y el sello de calidad del organismo auditor.

En cada país hay varias empresas u organismos dedicados a la certificación ISO. Para asegurar la máxima independencia y rigor técnico es aconsejable una empresa acreditada por ENAC para realizar tareas de certificación.

Test de impresión en el que se incorporan varias imágenes a color y en blanco y negro junto con parches de color. Al realizar la prueba se miden los resultados con los instrumentos adecuados que mostrarán si existe alguna desviación colorimétrica que haya que corregir.

Definición

ENAC, Entidad Nacional de Acreditación

Certifica con carácter internacional que una empresa u organismo certificador está capacitado para emitir un determinado sello de calidad.

Actividades

11. ¿Podría explicar con sus palabras las diferencias entre implementación y certificación?

Aplicación práctica

Durante el proceso de implementación de la Norma ISO 12647 se realizan pruebas de impresión sobre varios tipos de soporte distintos. Al testear las pruebas de impresión se detecta que algunos soportes sí están dentro de los parámetros de la Norma pero en otros hay un pequeño desfase.

¿Cuál sería la solución para que la impresión de estos soportes entrara en los parámetros?

SOLUCIÓN

En el caso de los soportes en los que están dentro de los parámetros de la Norma hay que ajustar y calibrar los dispositivos con la compensación de color pertinente para llegar a los valores establecidos por medio de curvas de calibración. Con estas curvas se ajustan los dispositivos y quedarán dentro de los parámetros de la Norma. A partir de aquí hay que trabajar aplicando estas curvas personalizadas que se adaptarán al soporte que se vaya a imprimir.

ISO 15930 (preimpresión)

La **Norma ISO 15930** define los estándares para los ficheros PDF correctos para impresión.

Existen muchos tipos de archivos PDF, precisamente su versatilidad es una de sus principales características, pero no todos son válidos para impresión. Hay archivos PDF que admiten audio o elementos multimedia que los hacen totalmente inútiles para un entorno de preimpresión.

La solución para evitar archivos PDF problemáticos es definir un conjunto de restricciones y requerimientos que prohíban la inserción de elementos irrelevantes y obligue a incluir otros imprescindibles para impresión: **PDF/X.**

Las ventajas principales del PDF/X son:

- Favorece el intercambio de información. Es un tipo de archivo estándar.
- Multiplataforma. Se puede visualizar y trabajar con él en distintos sistemas operativos.
- Compacto (soporta algoritmos de compresión limitados). A pesar de contener datos en alta resolución pesa muy poco.
- Verificable *(Preflight).* Permite ser analizado por las aplicaciones específicas de chequeo en preimpresión.
- Diseñado para ser visto (buena visualización).
- Soporta búsquedas en su contenido. Contiene una herramienta de búsqueda por palabras del contenido del texto.
- Soporta gestión de color. Preparado para aceptar cualquier gestión de color estándar.
- Gestiona el color con perfiles ICC (CMYK, RGB, escala de grises, colores planos y LAB). Todos estos perfiles son los utilizados en impresión comercial.
- Soporta metadatos (XMP). Datos asociados al PDF sin ser la propia imagen: la versión, si está protegido o si las fuentes tienen todos los permisos.
- Posibilidad de edición. Permite hacer pequeños cambios como edición de textos.
- Permite transparencias y capas. No necesita acoplar ni capas ni transparencias, las mantiene tal cual.
- Compatibilidad con aplicaciones extendidas en las artes gráficas como flujos de trabajo o RIP.
- Incrusta fuentes. No permite la ausencia de fuentes.
- No permite OPI (todas las imágenes incrustadas). Las imágenes que contiene son en alta resolución, no vinculadas.
- No permite elementos multimedia ni archivos de sonido, ni vídeo, ni animaciones.
- Anotaciones no imprimibles. Cualquier anotación de producción que se introduzca queda fuera de los márgenes de la impresión.
- No permite formularios o códigos *JavaScript.* Desplegables o campos en blanco como los que hay en los registros de las páginas web.
- Operadores extra que definen el área de corte y sangrado. Una serie de marcas definen la zona imprimible y la zona del sangrado de página.

■ Valor de *trapping* verdadero o falso (no permite desconocido). Define valores concretos de solapamiento, o se aplican o no, pero si no los reconoce no permite la creación del PDF/X.

Familia de normas ISO 15930

La ISO 15930 define los estándares de las distintas versiones de PDF/X.

Desde la creación del primer PDF/X hasta la actualidad se han ido integrando nuevas especificaciones, restricciones y características adaptándose a la evolución de la Norma (que a su vez evoluciona para adaptarse a las mejoras tecnológicas).

Cada nueva mejora o adaptación de la versión de PDF/X cuenta con unas características definidas muy concretas. La elección del nivel de PDF/X idóneo dependerá de varios factores.

■ PDF/X-1: 2001 y PDF/X-1a: 2001: ISO 15930-1: 2001.
■ PDF/X-3: 2003: ISO 15930-3: 2002.
■ PDF/X-1a: 2003: ISO 15930-4: 2003.
■ PDF/X-2: 2003: ISO 15930-5: 2003.
■ PDF/X-3: 2003: ISO 15930-6: 2003.
■ PDF/X-4: 2008 y PDF/X-4p: 2008: ISO 15930-7: 2008.
■ PDF/X-5g: 2008, PDF/X-5n: 2008, PDF/X-5pg: 2008: ISO 15930 8: 2008.

 Nota

Con la actualización de PDF 2.0 se ha agregado PDF/X-6 como sucesor de PDF/X-4. Se trata de PDX/X-6 ISO 15930 - 9:2020, una norma que contempla las últimas innovaciones de la salida de página.

Habrá que descartar aquellos niveles que por las características del *software* (tanto del emisor como del receptor) no esté preparado para procesarlos adecuadamente. Hay que comprobar las versiones de PDF/X aceptadas por el *software* y las capacidades en torno a la gestión del color.

Otros factores a tener en cuenta son el uso de capas y transparencias (ya que hay versiones que las acoplan y otras que no), la gestión del color, los perfiles, etc.

 Para saber más...

Si desea conocer las especificaciones técnicas de cada versión de PDF/X están descritas en el sitio web de *Adobe* <http://www.adobe.com/es/>.

Para una ayuda extra existen blogs o foros técnicos donde se analiza cada versión y se aconseja sobre la versión de PDF/X adecuada según las distintas necesidades, como por ejemplo <https://pdfmailmerger.com/>.

 Actividades

12. Busque en la web de Adobe las principales características de los distintos niveles de PDF/X. Realice una tabla-resumen.

El uso de PDF/X asegura muchos de los parámetros necesarios para una correcta impresión.

PDF/X garantiza la incrustación de fuentes e imágenes, la definición de los espacios de color, los valores de *trapping* o reventado, etc. sin embargo hay comprobaciones que el operario tendrá que realizar por sí mismo.

Definición

Trapping o reventado

Se llama _trapping_ o reventado a la zona de solapamiento existente entre dos separaciones de color para disimular los posibles problemas a la hora de casar las tintas en la máquina de impresión.

Hay que controlar la resolución de las imágenes, si el documento precisa de sangrado o el grosor mínimo de las líneas. Por tanto, corre por cuenta del profesional preimpresor verificar los elementos extra que PDF/X no controla. Para ello existe el _software_ de comprobación o _preflight_ como _Enfocus Pitstop, Callas PDF Toolbox_ o las propias herramientas que _Adobe_ incorpora a la versión profesional de _Acrobat (Acrobat Pro)_.

3.2. Calidad concertada

El concepto de calidad ha ido evolucionando con los años. Se empezó con inspecciones del producto terminado, pero con el propósito de mejora constante se implementó el control del proceso productivo y posteriormente el aseguramiento de la calidad. Hoy en día se ha llegado a la idea de excelencia empresarial.

Definición

Calidad

Grado en el que un conjunto de características inherentes cumple con los requisitos (ISO 9000).

Propiedad o conjunto de propiedades inherentes a una cosa que permiten apreciarla como igual, mejor o peor que las restantes de su especie. (Real Academia de la Lengua Española).

El término calidad en sí mismo no se puede definir en un solo concepto, depende de la perspectiva con la que se mire (de producción, de usuario, del producto, etc.). Aun así, se destacan los siguientes conceptos relativos a calidad:

- Es la conformidad y el cumplimiento de las especificaciones del diseño y fabricación del producto (que el producto resultante se corresponda con lo solicitado).
- La percepción que tiene el cliente final del producto que recibirá (que el producto obtenido sea lo que el cliente espera).
- Satisfacción de los deseos y requerimientos del consumidor (que el consumidor final obtenga un producto que le satisfaga).
- Adecuación al uso (que el producto se adecue a la función para el que ha sido creado).

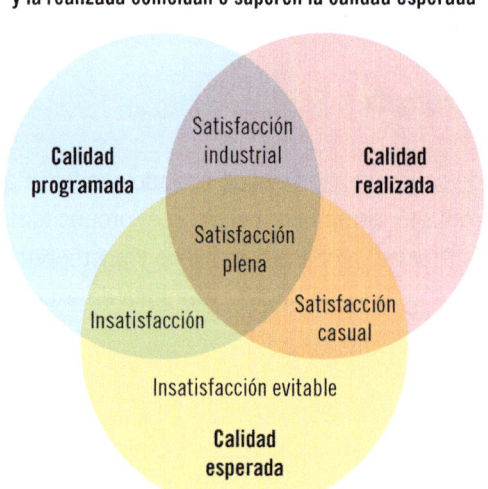

La satisfacción plena es el resultado de que la calidad programada y la realizada coincidan o superen la calidad esperada

La **calidad concertada,** sin embargo, hace relación a la cooperación existente entre dos empresas colaboradoras (empresa principal y empresa subcontratada).

La empresa principal exige a la empresa subcontratada ciertas especificaciones relacionadas con la calidad del producto que fabrica o servicio que presta, indicando en el contrato las exigencias de calidad.

Estas exigencias son tanto a nivel cualitativo como cuantitativo y la empresa principal debe comprometerse a prestar apoyo para la aplicación de las mismas a la empresa subcontratada.

Una de las ventajas que ofrece la calidad concertada es que se reduce la inspección por parte de la empresa principal tanto de entrada como a lo largo del proceso.

La calidad concertada evita crisis en la fase de producción convirtiéndolas en discusiones en la fase de diseño.

 Ejemplo

Una imprenta que no dispone de preimpresión tiene subcontratada una empresa especializada en preimpresión. Esta empresa trabaja a su vez para varios impresores distintos con distinta maquinaria.

Para evitar que la empresa subcontratada entregue las planchas de impresión con otros parámetros que correspondan, por ejemplo, a otro de sus clientes se establece en el contrato unos estándares de calidad concertada.

Esto evitará que se produzcan confusiones que retrasen la producción.

ISO 9001 (calidad)

La **Norma ISO 9001** crea estándares de calidad constantes y documenta e integra sistemas ya existentes detectando las necesidades de mejora para el cumplimiento de los estándares.

La Norma ISO 9001 ofrece numerosas **ventajas y beneficios,** ayudando a la empresa a mejorar. Entre estos beneficios destacan:

- Abre nuevas posibilidades de promoción empresarial puesto que cada día es más habitual exigir a las empresas contratadas que estén estandarizadas.
- Es un requisito en muchos concursos comerciales. Muchos concursos comerciales requieren que las empresas que se presenten estén dentro de la Norma.
- Los procesos de fabricación se tornan más eficientes, minimizando el riesgo de situaciones inesperadas en producción y reduciendo los costes. Esto conlleva una metodología de trabajo más eficaz.
- El personal se siente más motivado al minimizar el riesgo de errores.

 Nota

A parte de las ventajas y beneficios que aporta la ISO 9001 cabe destacar que es muy fácil de implementar, ya que se basa en los procedimientos existentes en la empresa evitando cambios innecesarios. Además, aporta soporte para cumplir con los criterios internacionales y en su implementación evita trámites burocráticos excesivos.

Implementación

En el caso de la ISO 9001, al ser tan flexible y no precisar de cambio de maquinaria, el proceso es más sencillo que en otras Normas como la ISO 12647.

En este caso, la empresa u organismo implantador de la Norma debe asesorar a la empresa que desea la certificación sobre cómo lograr en la práctica los objetivos que establece el estándar y cómo controlar los procedimientos de negocio para alcanzar los requisitos. Es decir, hace un estudio del proceso donde analiza todos los pasos (desde preimpresión hasta postimpresión) y detecta las carencias del sistema de fabricación que hace que no se cumpla la Norma (como una incorrecta gestión del color o verificación de archivos que haga que el producto impreso no se corresponda con las especificaciones requeridas). Una vez realizado el estudio asesora sobre cómo se puede mejorar el proceso para cumplir los requisitos.

También le proporciona los manuales de cada Norma, sus procedimientos y documentos de control que contienen las políticas de gestión en taller y los objetivos a cumplir, así como soporte para alcanzar la conformidad con los estándares.

Certificación

El proceso de certificación consta de:

- Una auditoría inicial para comprobar que se están cumpliendo los estándares.
- Auditoría de los procesos documentados y análisis de riesgos.
- Definición de los manuales de la Norma, procedimientos y documentos de control.
- Provisión de los manuales para la aprobación del cliente incluyendo enmiendas en el caso de ser necesarias.
- Formación del responsable de calidad medioambiental y de seguridad y salud.
- Auditoría interna final.
- Presentación de los manuales para la certificación.
- Formación para auditorías internas.
- Remisión de los manuales y sistemas de gestión al organismo certificador.

Como en el caso de las anteriores Normas ISO, una vez certificada la empresa recibe el sello de calidad de la Norma.

Sellos de certificación ISO 9001 por distintas entidades acreditadoras

Actividades

13. Se han visto las numerosas ventajas de la implementación de la Norma ISO 9001, pero, ¿cree usted bajo su criterio que puede tener algún inconveniente? ¿Por qué?
14. En el caso de que no encuentre ningún inconveniente para su implementación, reflexione acerca de porqué aún hay empresas que no han implementado la Norma ISO 9001.

Aplicación práctica

En el proceso de impresión de una revista se debe subcontratar a una empresa externa para realizar el proceso de preimpresión (las planchas), ya que la imprenta no dispone de servicio de preimpresión.

¿Con qué elementos de control de parámetros (Normas ISO) se puede contar para asegurar el proceso y el resultado?

SOLUCIÓN

Para asegurar la calidad del servicio y también unos plazos de entrega adecuados es necesario trabajar dentro de los parámetros del estándar de calidad de la Norma ISO 9001. Para asegurar un trabajo y un resultado uniforme del producto se cuenta con la Norma 12647

Continúa en página siguiente >>

<< Viene de página anterior

sobre los procesos de impresión, y para asegurar que el intercambio de ficheros digitales está también dentro de los parámetros se debe trabajar bajo los estándares de la Norma ISO 15930 sobre ficheros PDF/X.

3.3. Confidencialidad

La confidencialidad hace referencia a garantizar la propiedad de la información, asegurando el acceso a ella solo por parte de las personas autorizadas.

Los responsables de dicha información son los que deciden sobre quién o quiénes estarán autorizados a acceder a los datos.

Dependiendo del contexto se determinarán los recaudos a tomar para garantizar la confidencialidad del producto.

 Ejemplo

El nivel de seguridad no será el mismo en una empresa que se dedique a la impresión de papelería comercial que el que pueda tener una empresa que maneje datos que puedan afectar al lanzamiento de un nuevo producto o incluso aquellas empresas que se dediquen a la fabricación de tarjetas de crédito o moneda y timbre.

Continúa en página siguiente >>

<< Viene de página anterior

Imprenta de moneda y timbre. El nivel de confidencialidad es muy alto.

ISO 27000 (confidencialidad)

La **Norma ISO 27000** hace referencia a la confidencialidad.

Para asegurar una adecuada gestión de la seguridad de la información se precisa implementar un sistema que permita tratar esta temática de una forma metódica y documentada, con unos objetivos claros tras haber evaluado los riesgos a los que está sometida la empresa según la información que maneje.

Igual que la Norma ISO 9001, la 27000 se basa en una serie de estándares a cumplir por parte de la empresa, siendo la principal la Norma ISO 27001, que establece los requisitos para un SGSI.

La Norma ISO 27000 ha sufrido una serie de evoluciones desde su primera publicación en mayo de 2009 hasta hoy en día y continúa en constante evolución.

 **Nota**

Si se desea acceder a la Norma se debe saber q esta no es de libre difusión, sino que ha de ser adquirida.

La gestión de la confidencialidad y seguridad de la información se debe realizar mediante un proceso sistemático y bien documentado del que tiene que tener conocimiento toda la empresa.

A continuación se enumeran algunos de los **beneficios** que aporta la ISO 27000 a la empresa:

- Metodología de seguridad clara y estructurada, fácil de cumplir.
- Reducción de pérdida de información debido a la metodología de seguridad.
- Confianza de los clientes gracias a la garantía de la confidencialidad y la seguridad comercial. Los clientes tienen la seguridad de que sus datos serán tratados de manera confidencial sin filtraciones.
- Con las auditorías periódicas externas se consigue identificar los puntos flacos del sistema y las áreas a mejorar para mantener la seguridad y confidencialidad.
- Se integra con otros sistemas de gestión como la Norma ISO 9001 ya que ambas son complementarias.
- Mejora de la imagen de la empresa incluso a nivel internacional debido a la confianza que genera.

La gestión de procesos de seguridad se puede definir en cuatro fases:

- Planificación: se fijan los objetivos de seguridad que se desean alcanzar y se traza un plan o estrategia para llegar a conseguirlos teniendo en cuenta todos los factores (tanto internos como externos) con los que se cuenta para poder cumplir dichos objetivos.

- Implementación: proceso en el que se ponen en práctica las estrategias definidas en el proceso de planificación.
- Seguimiento: se trata de analizar una vez implementado el plan estratégico si se cumplen los objetivos fijados y en qué nivel se cumplen.
- Mejora continua: en esta fase se aplican acciones correctivas durante el proceso productivo con tal de llegar siempre a los objetivos marcados.

Garantizar un nivel de seguridad total es imposible aun no teniendo un límite de presupuesto. En realidad, lo que se asegura con la implementación de la gestión de procesos de seguridad es que los riesgos sean conocidos y asumidos pudiendo así minimizarlos de forma sistemática, estructurada y eficiente, adaptándolos siempre a los posibles cambios en los riesgos.

El proceso de implementación y certificación de la Norma sigue los mismos pasos anteriormente citados para la Norma ISO 9001. Una vez obtenida la certificación, también se obtiene un sello del organismo certificador al igual que en el resto de certificaciones.

3.4. Plazos de entrega y penalizaciones

Con el avance de las tecnologías en el sector cada vez se ofrecen y demandan plazos de entrega más ajustados.

Para estipular esos plazos hay que tener hecho un estudio a nivel empresarial de los tiempos de producción de los distintos productos que ofrece la empresa para poderlos establecer con seguridad.

 Nota

Hay que tener en cuenta un tiempo extra si hubiera que subcontratar a otra empresa que ofrezca algún servicio que la empresa no pueda proporcionar, ya que solo por el hecho de tener que transportar el producto y encajar en la productividad de una empresa externa ya supone de por sí un retraso.

Para asegurar el cumplimiento de los plazos de entrega es habitual exigir al proveedor que se contrata una indemnización para el caso de no cumplir con los plazos pactados de antemano.

La indemnización suele restar una cantidad de dinero al pago del trabajo. Normalmente esta indemnización va ligada al retraso, ya que cada nuevo día de retraso se añade más cantidad de indemnización.

También se puede compensar al cliente con una mayor cantidad de producto por el mismo precio o con alguna mejora extra si el cliente lo prefiere así.

Esta indemnización se exige como compensación al cliente de los posibles daños o perjuicios sufridos como consecuencia de no disponer del producto contratado en la fecha estipulada.

En el caso de prever un posible retraso en la entrega es aconsejable que el proveedor notifique con tiempo al cliente el posible retraso para que haya tiempo de reacción y poder tomar las medidas necesarias y atenuar los gastos que pueda ocasionar el retraso.

Algunos de los **consejos** que debe tener en cuenta el proveedor son:

- Realizar propuestas de entrega concretas. Dedicar un tiempo extra a realizar una propuesta más acotada ahorra tiempo de desarrollo.
- No estipular un plazo de entrega en el que haya una mínima duda de que se pueda cumplir.
- No hay que conceder demasiados favores extras que puedan afectar al plazo de entrega.
- Al comienzo de una relación comercial puede darse el caso de que con el fin de agradar y fidelizar al cliente se le ofrezcan servicios o trabajos extras, pero esto puede ser un arma de doble filo si afecta al tiempo de entrega.
- Mantener siempre informado al cliente.

La Norma ISO 9000 define las especificaciones de cómo gestionar los plazos de entrega y sus posibles penalizaciones, ya que esto forma parte de la gestión de calidad. Por ello la implementación y la certificación es igual al proceso explicado en el apartado de calidad.

Actividades

15. Según su punto de vista, ¿podría tener desventajas el hecho de penalizar los plazos de entrega? En caso afirmativo, ¿cuáles serían esas desventajas?

Aplicación práctica

Durante el proceso de impresión de unos catálogos de mobiliario hay que subcontratar a una empresa para que realice unos servicios que en la empresa no se pueden realizar. Existe una fecha cerrada de entrega al cliente del producto terminado y se quiere asegurar que la empresa subcontratada no perjudique la fecha de entrega. Aun así la empresa subcontratada se retrasa un día y como consecuencia de ello se entrega el producto terminado también con un día de retraso.

Si se han seguido todos los pasos correctos dentro de los estándares de la Norma, ¿cuál será la consecuencia de estos retrasos y cómo se solucionarían?

SOLUCIÓN

Al subcontratar una empresa se habrá estipulado un plazo de entrega cerrado y una penalización en el caso de retraso para proteger el plazo de entrega que se ha estipulado con el cliente. En este caso la empresa subcontratada tendrá que indemnizar por el retraso a la empresa contratada por el cliente y esta a su vez al cliente.

4. Resumen

Las artes gráficas son un sector de peso en la industria del país y ocupa un lugar relevante a nivel europeo, situándose en el tercer puesto en número de compañías y el quinto en volumen de producción, por detrás de Alemania y Reino Unido, que lideran el sector.

Debido a la atomización del sector es habitual la colaboración entre empresas para ofrecer un servicio completo al cliente.

Para asegurar la calidad del producto ofrecido y la satisfacción del cliente es necesario seguir unos estándares de calidad concertada entre las empresas que colaboran entre sí.

El sector gráfico sufre cambios constantemente debido a la evolución tecnológica y a las necesidades del mercado. A consecuencia de ello las empresas invierten a menudo en tecnología para la mejora y estabilidad del proceso.

En preimpresión la tendencia se dirige hacia un servicio integral, es decir, el preimpresor ya no solo es un simple preimpresor, sino que asesora y ofrece soluciones digitales convirtiéndose así en un servicio gráfico e integrándose cada vez más con la figura del impresor.

Para un servicio gráfico satisfactorio y rentable es necesario seguir los estándares internacionales de la ISO *(Internacional Standarization Organization)*.

La implementación de las Normas ISO ofrece numerosas ventajas a las empresas: mayor rentabilidad, motivación extra del personal, reducción de errores en el proceso y proyección internacional.

Aplicando estos estándares se asegura un proceso estable y rentable a todos los niveles.

Ejercicios de repaso y autoevaluación

1. ¿Cuál de los siguientes bloques no corresponde al sector gráfico?

    a. Diseño.
    b. Distribución.
    c. Impresión.
    d. Acabados.

2. Complete los espacios libres de la siguiente frase:

Las empresas integradas son aquellas que integran en una unidad de producción al menos _____ fases del proceso gráfico.

Las empresas _____ son aquellas que se dedican solamente a una de las fases de proceso.

3. Indique si las siguientes frases son verdaderas o falsas.

    a. La distribución territorial del empleo está asociada a la localización de las familias.

        ☐ Verdadero
        ☐ Falso

    b. La tendencia del sector gráfico, y más en el sector de impresión digital, es hacer tiradas mínimas, cada vez más pequeñas, en tiempos de realización cada vez más cortos, y que todavía así, siga resultando rentable.

        ☐ Verdadero
        ☐ Falso

    c. Las bases de datos son vitales en el servicio de impresión, ya que gestionan y almacenan todos los datos correspondientes al cliente.

        ☐ Verdadero
        ☐ Falso

4. ¿Cuál es la diferencia principal entre impresión digital y el resto de sistemas de impresión? ¿Qué beneficio supone esta diferencia?

_____

_____

5. ¿Qué elemento se integró en la década de los 80 al proceso de preimpresión?

_____

_____

6. Complete los espacios libres de la siguiente frase:

El ojo humano, los monitores, los escáneres y las cámaras fotográficas trabajan en síntesis _____.

7. ¿En qué casos es recomendable la utilización de hexacromía para no perder rentabilidad?

_____

_____

8. Complete los espacios libres de la siguiente frase:

El futuro de la producción impresa evolucionará hacia la integración de la _____

_____.

9. Indique si las siguientes frases son verdaderas o falsas.

a. La hexacromía consta de incorporar dos colores a los cuatro habituales aportados en el proceso de impresión CMYK. Estos colores son una tinta marrón y otra verde brillante.

☐ Verdadero
☐ Falso

b. La ISO es un organismo internacional que se encarga de la normalización y estandarización de los trabajos de preimpresión para lograr una compatibilidad en las características de un producto que pueda ser usado en el extranjero.

☐ Verdadero
☐ Falso

c. La certificación consiste en una asesoría técnica para determinar la metodología de trabajo a adquirir.

☐ Verdadero
☐ Falso

10. **¿Cuál de las siguientes frases no corresponde con las ventajas de la estandarización de productos?**

a. Es un argumento de venta, un diferenciador de la competencia.
b. Se asegura un color y unos acabados precisos y objetivos.
c. Con ello se ajustan los tiempos de entrega, lo cual hace más rentable el negocio.
d. Reducción del impacto positivo en el medio ambiente.

11. **Complete los espacios libres de la siguiente frase:**

En las aplicaciones gráficas usadas en preimpresión, Adobe incluye perfiles basados en especificaciones de _____ como los perfiles Euroscale Coated y Euroscale Uncoated.

12. **En un contrato de servicios de preimpresión es conveniente incorporar un breve cuestionario referente a la gestión de la calidad. ¿Qué preguntas incorporaría usted a este cuestionario?**

_____
_____
_____
_____

13. La gestión de procesos de seguridad de la Norma ISO 27000 (confidencialidad) se puede definir en cuatro fases. ¿Cuáles son?

_____

_____

_____

_____

_____

_____

_____

14. ¿Para qué sirve una indemnización al cliente en caso de retraso en la entrega?

_____

_____

_____

_____

15. Relacione correctamente las siguientes normas.

    a. ISO 9001.
    b. ISO 12647.
    c. ISO 2700.
    d. ISO 15930.

    __ Calidad.
    __ Impresión.
    __ Confidencialidad.
    __ Preimpresión.

Capítulo 3

Control y seguimiento de la producción en preimpresión

Contenido

1. Introducción
2. Control de la producción
3. Instrumentos de planificación: planning y seguimiento
4. Gráficos de control de la producción en preimpresión: PERT y GANTT
5. Técnicas de optimización de la producción en preimpresión: Sistemas Expertos (SE)
6. Herramientas informáticas de control: JDF
7. Resumen

1. Introducción

El control es algo innato en el ser humano, tanto de manera consciente como inconscientemente. Aplicado a producción, el control permite el análisis y mejora de la productividad.

Al crear sistemas de control en producción el primer paso es analizar las posibles variaciones o cambios aplicables para la mejora y rentabilidad del proceso sometido a control. Requiere de una planificación, por tanto, se está hablando de un proceso encaminado hacia previsiones de futuro, es decir, justo de ahora en adelante.

Para llevar a cabo tareas de control existen herramientas que ayudan a planificar dichas tareas y a mantener un seguimiento durante la producción, ya que la clave radica en una buena estrategia de planificación y seguimiento de los resultados.

2. Control de la producción

El control debe ser algo dinámico que permita ir modificándose y adaptándose en función de las necesidades y de cómo vaya reaccionando la producción al ir aplicando las herramientas de control.

Con el control se asegura a su vez una óptima gestión de los recursos productivos de la empresa.

Se diferencian dos tipos de productividad en una empresa: la producción reiterativa, en la que se pueden aplicar unos parámetros de control permanentes (como en una cadena de montaje en línea) y la producción dinámica o variable, en la que esos parámetros deberán ir aplicándose por proyectos.

Existen tres tipos de acciones de control dependiendo del momento en que sean aplicadas:

1. **Control direccional:** se aplica antes de la conclusión de la actividad pero dentro de un sistema estructurado de control.

Ejemplo: las acciones que realiza un conductor en una pista forestal llena de obstáculos para sortearlos y seguir sin desviarse del camino indicado. La decisión de desviarse de la trayectoria estipulada es tan solo para evitar un accidente.

2. **Control aprobado-reprobado:** esta tipología de control se aplica justo después de haber realizado alguna operación para valorar si es correcta o no. En caso negativo habrá que establecer acciones correctivas interrumpiendo o paralizando la producción hasta haber subsanado la irregularidad para encaminar las acciones posteriores. Un caso típico serían los mecanismos de control de calidad.

3. **Control postoperacional:** se realiza el control una vez ha terminado el proyecto. Este tipo de control va encaminado a subsanar posibles fallos o errores en proyectos futuros, ya que la acción correctiva se aplicará en un nuevo proyecto.

Operaciones de análisis y control de la producción

Estos tres tipos de mecanismos de control se aplican de manera complementaria. El hecho de aplicar uno de ellos no exime de aplicar el resto.

El proceso de control describe los siguientes pasos:

4. **Definición de los parámetros de control.** Durante la etapa de planificación se fijan unas metas u objetivos que permitan el seguimiento y

control de la producción y que, en caso de alguna anomalía, establezcan un protocolo de actuación.

5. **Medición de los resultados.** Durante el proceso de producción deben valorarse los resultados lo más objetivamente posible (dado que según la tipología del trabajo a veces no es posible una objetividad total).

6. **Evaluación de los errores.** Se comparan los objetivos fijados en la fase de planificación con el resultado obtenido. Como no siempre se consigue cumplir con los objetivos al cien por cien se valora esa diferencia y hasta qué punto afecta al proceso.

7. **Definición de correcciones.** En este punto se trata de buscar soluciones para corregir la desviación de las metas fijadas.

8. **Ejecución de las correcciones.** Poner en práctica las correcciones por parte de la persona encargada del proyecto.

Gráfico del proceso de control de la producción

```
                          ┌──────────────────┐
                     ┌───→│  Evaluación de   │────┐
                     │    │  los resultados  │    │
                     │    └──────────────────┘    │
                     │            ↑               │
 ┌──────────┐   ┌──────────┐      │               │
 │   PLAN   │──→│ EJECUCIÓN │──┐   │               │
 └──────────┘   └──────────┘  │   │               │
      │              │        │ ┌──────────────┐  │
      ↓              ↓        └→│  Medición de │  │
 ┌──────────┐  ┌──────────────┐│  los resultados│  ↓
 │Corrección│→│ Ejecución de ││└──────────────┘ ┌──────────────┐
 │ del plan │  │las correcciones│                │ Definición de│
 └──────────┘  └──────────────┘                 │las correcciones│
      │                                          └──────────────┘
      └──────────────────────────────────────────────→
```

 Actividades

1. Se ha visto un ejemplo muy básico de control direccional en una actividad cotidiana como la conducción. Piense en un ejemplo de este tipo de control aplicado a algún estadio en producción gráfica.

2. Reflexione sobre si se puede realizar el control aprobado-reprobado y control postoperacional en el mismo momento.

3. Instrumentos de planificación: *planning* y seguimiento

Se podría definir la planificación como el proceso de establecer metas u objetivos encaminados a desarrollar **estrategias** en las que se tracen unos planes de actuación y la valoración y asignación de los recursos necesarios para realizar un proyecto.

La planificación comienza a partir de unos resultados que se deben obtener, lo que lleva a la definición de los objetivos que se desean alcanzar en función de los resultados deseados.

Una planificación aplicada correctamente y combinada con un seguimiento y una evaluación de los resultados mejora la eficacia de los proyectos, ya que ayuda a centrarse en conseguir unos resultados precisos y a aprender de los éxitos y los fracasos obtenidos. Ello conduce a tomar el camino idóneo en proyectos futuros. Se trata de un avance constante.

El siguiente paso es definir los pasos a seguir para lograrlo y de qué recursos se dispone para llegar al objetivo fijado.

La figura del **técnico de planificación** es la encargada de dirigir las operaciones de control y de gestionar y planificar los proyectos de producción.

 Sabía que...

Debido al dinamismo del sector, el técnico de planificación (también conocido como planner) debe tener un perfil de capacidad de liderazgo y rapidez de adaptación y reacción ante los cambios. Él/ella debe decidir sobre la manera de llevar a cabo la planificación de los proyectos y el control de la producción, evaluando y gestionando los tiempos de tal modo que se ajusten en tiempo, calidad y costos.

Un **proyecto** consta de una serie de tareas relacionadas entre sí, ordenadas de tal manera que estén encaminadas hacia la obtención de un resultado o producto.

Un proyecto consta de tres fases:

- **Planificación:** durante esta fase se fijan los objetivos, se define y organiza el proyecto y se determinan los recursos y equipo necesarios para llevarlo a cabo.
- **Programación:** hay que programar la secuencia de actividades a realizar y los recursos necesarios. Asignar los recursos a las actividades correspondientes y relacionar las actividades entre sí.
- **Control:** durante la realización del proyecto, y una vez terminado, se realizan las operaciones de control de costes, calidad y tiempo correspondientes. Con las conclusiones de dicho control se revisan y cambian los planes (en caso de ser necesario) para futuros proyectos de la misma índole.

Esquema del proceso de planificación

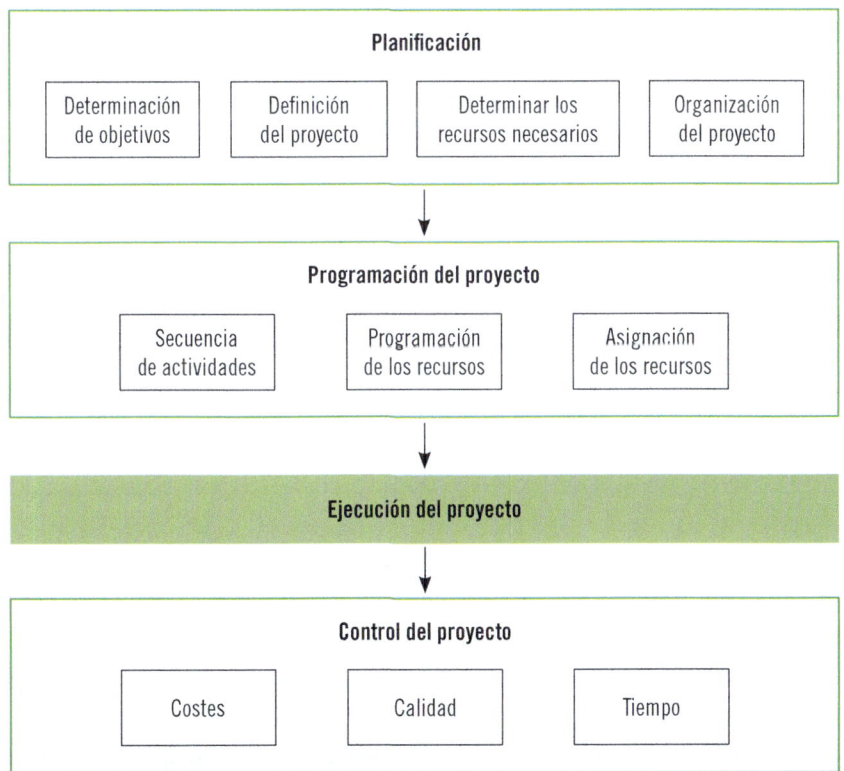

Para llevar a cabo la planificación correctamente hay que tener muy claro los resultados buscados, si no, no se puede llevar un seguimiento adecuado y por tanto la evaluación no serviría de mucho.

 Nota

Para facilitar la tarea de planificar un proyecto existen diversas herramientas de apoyo como los diagramas de PERT y GANTT.

El **proceso del seguimiento** trata de supervisar el proceso completo de la realización de un proyecto y los recursos asignados para realizarlo. Pero dándole un enfoque más amplio, el seguimiento también implica supervisar las tareas externas realizadas fuera de la empresa que infieran en el proyecto en el caso de externalizar una parte del mismo a una empresa colaboradora.

 Nota

Un seguimiento cuidadoso y minucioso permite recopilar los datos necesarios para una evaluación del proceso eficaz que obtenga unos resultados precisos para poder aplicar las herramientas de corrección que correspondan en futuras acciones.

Durante o después del seguimiento del proyecto se debe hacer una **evaluación.** La evaluación consiste en una valoración objetiva y rigurosa cuyo cometido es determinar si se han cumplido los objetivos estipulados durante la fase de planificación. Con la evaluación se determina si el proyecto ha estado bien enfocado y planificado. Implica un análisis más amplio y objetivo que el seguimiento.

Ejemplo

Para la producción de un catálogo se realiza previamente la planificación del proceso calculando los tiempos que se emplearán a lo largo de todo el trabajo. Durante la producción puede darse el caso de existir un desfase entre el tiempo estimado y el real, en ese caso, se procede a analizar el motivo de ese desfase para aplicar las acciones correctivas correspondientes. No solo se trata de analizar las acciones realizadas en la propia empresa, sino también si han intervenido factores externos como un posible retraso en la entrega de material por parte de un proveedor, un fallo mecánico de la maquinaria, o retraso por parte del cliente a la hora de dar su conformidad a las pruebas de color.

Cuanto antes se detecte el problema antes se podrán aplicar las acciones correctivas y esto se produce al llevar a cabo el seguimiento.

Aplicación práctica

Llega un encargo a su empresa que consiste en la realización de un folleto que se imprimirá en *offset*. En la hoja de ruta indica que se trata de la reimpresión de un folleto impreso en cuatricromía.

Usted es el encargado de planificar y programar el proceso de preimpresión. Indique los pasos que seguiría para realizarlo.

SOLUCIÓN

Dado que la planificación comienza a partir de unos resultados que se desean obtener, en primer lugar habría que plantearse cuáles son esos resultados. En este caso, al tratarse de una reimpresión, el objetivo será que el resultado sea igual al obtenido en la primera impresión (color, soporte, medidas, acabados, etc.).

Actividades

3. Aún a día de hoy hay empresas que programan su producción sin una buena planificación, especialmente en empresas de pequeña estructura. ¿Qué cree que ocurriría si en el proceso de producción se realizara una programación sin una previa planificación?

4. Gráficos de control de la producción en preimpresión: PERT y GANTT

Los diagramas de **PERT** y de **GANTT** son herramientas que ayudan a la gestión y programación de proyectos. Hay muchos tipos de proyectos y estos diagramas no están solo encaminados al sector gráfico, son también aplicables a cualquier otro proyecto que precise de programación, control y seguimiento.

Como ya se ha comentado anteriormente, el objetivo en producción es obtener un producto (a través de la realización de un proyecto) dentro de un tiempo crítico y al costo óptimo. Es decir, un producto rentable.

En la década de los 50 fue desarrollado en Estados Unidos un sistema de cálculo de tiempos y plazos en planificación conocido como **CPM** *(Critical Path Method)* o **Método del Camino Crítico** por la firma *DuPont* para el control y optimización de los costos.

Se llama **ruta crítica** a la secuencia de los elementos que intervienen en el proceso que tengan una mayor duración entre ellos, por tanto, la duración de la ruta crítica es lo que determinará la duración del proyecto completo. Es decir, cualquier retraso en la ruta crítica afectará directamente al tiempo de realización del proyecto. Cuando esto sucede se dice que no hay holgura en la ruta crítica.

Actividades

4. El tiempo de realización de un proceso, ¿puede ser inferior a la duración de la ruta crítica? ¿Por qué?

4.1. Diagrama de PERT

El diagrama de PERT es un método que permite calcular los tiempos interrelacionales de las tareas que se precisan realizar para llevar a cabo un proyecto de una manera gráfica y sencilla.

Sus inicios datan de la década de los 50, al igual que el método del camino crítico, y fue inventado por la Oficina de Proyectos Especiales de la Marina de los Estados Unidos. Lo usó por primera vez el Departamento de Defensa de los EE. UU. como parte del proyecto de misil balístico móvil lanzado desde un submarino. En realidad, este proyecto fue una consecuencia directa de la crisis del *Sputnik.*

Características y realización

El diagrama de PERT es una representación gráfica que consta de un conjunto de puntos o nódulos unidos entre sí por flechas que representan las relaciones entre las tareas que componen un proyecto.

Las flechas corresponden a las tareas del proyecto mientras que los nodos (que pueden ser representados por círculos o rectángulos) corresponden a instantes del proyecto.

Solo puede haber un nodo inicial y un nodo final, es decir, solo un nodo al que no llegue ninguna flecha y solo uno del que no salga ninguna.

Ejemplo de un diagrama de PERT donde se ven los nodos (instantes del proyecto) unidos por las flechas (acciones)

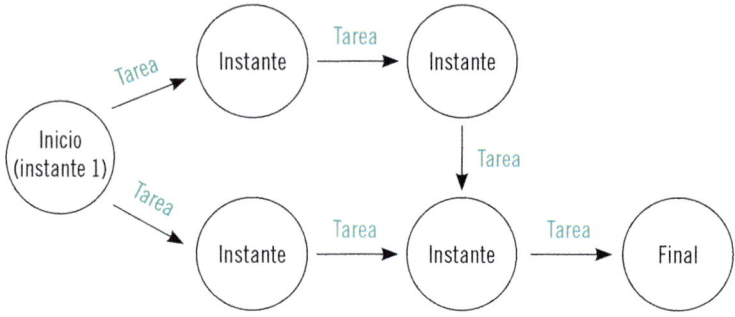

Tampoco puede haber dos flechas que unan dos nodos.

Reglas del diagrama de PERT (1)

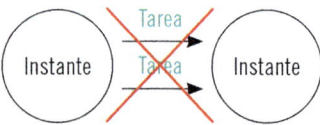

Dentro de cada nodo se pueden representar hasta dos instantes distintos: el inicio mínimo (im) y el final máximo (FM) de ese instante.

Reglas del diagrama de PERT (2). El inicio mínimo se representa en la parte superior y el final máximo en la inferior

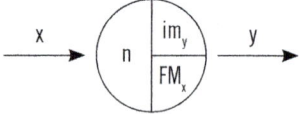

Lo primero que habrá que hacer al plantear un diagrama de PERT será calcular todos los inicios mínimos del proyecto.

El **inicio mínimo de un proyecto** corresponde al instante cero, por tanto se ha de poner un cero en la parte de arriba del primer nodo.

Al **inicio mínimo de una tarea (im)** se le suma la duración de esta (Tx) para obtener su final mínimo (fmx): imx + dx = fmx. En el caso de que la tarea Ty dependa solamente de la tarea Tx, Ty solo se podrá iniciar una vez haya terminado la tarea anterior o Tx (en este caso). Por tanto el inicio mínimo Ty es igual al fin mínimo Tx.

$$im_y = fm_x = im_x + d_x$$

Reglas del diagrama de PERT (3)

El diagrama debe recorrerse siguiendo el sentido de las flechas. En la parte superior de los nodos hay que poner el valor resultante de sumar la duración de la tarea por la cual se llega a ese nodo y el valor en la parte superior del nodo del que se procede.

Cuando una tarea Ty dependa de varias tareas Tx con una relación entre sí de inicio-fin, la tarea Tx no se podrá iniciar hasta haber terminado todas las tareas Tx. Por tanto, el inicio mínimo de Ty será igual al final mínimo mayor de todas las tareas Tx.

$$im_y = máximo\ (fm_x)$$

Reglas del diagrama de PERT (4)

Por tanto en el diagrama, cuando llegue más de una flecha (tarea), se calcularán los valores a través de todos los caminos de llegada al nodo pero se tomará el valor mayor.

**Reglas del diagrama de PERT (5). A un mismo nodo llegan tres tareas.
Se pone en ese nodo el valor de tiempo mayor**

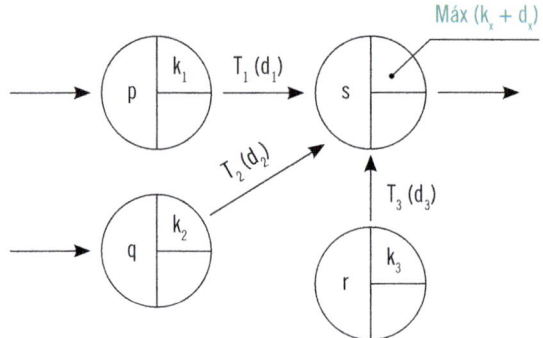

En el último nodo se representa el final del proyecto y al llegar a él ya se saben los inicios mínimos de todas las tareas que componen el proyecto. El valor superior del nodo final corresponde al inicio mínimo de las tareas que se vayan a emprender una vez haya terminado el proyecto.

En el último nodo se pone en la parte inferior el mismo valor que en la parte superior.

 Nota

Como objetivo en planificación interesa siempre calcular el tiempo mínimo para realizar una tarea, o sea, lo más rápido que se puede realizar. Por ello se fija el fin máximo con el mismo valor que el fin mínimo.

A continuación se calculan todos los finales máximos del proyecto.

Para calcular los inicios máximos, o sea, lo más tarde que se puede empezar una tarea sin retrasar el proyecto, al final máximo de una tarea Ty se le resta su duración para obtener el inicio máximo: Imy = Fmy - dy. Si la tarea Ty depende solamente de la tarea Tx, esta no podrá acabar más tarde del inicio máximo de Ty sin que ello suponga un retraso de todo el proyecto.

$$FM_x = IM_y = FM_y - d_y$$

Reglas del diagrama de PERT (6)

Para esto habrá que recorrer el diagrama en sentido inverso al de las flechas empezando desde el nodo final. En la parte inferior de cada nodo se pone el resultado de restar la duración de la tarea que parte de ese nodo al valor que hay en la parte inferior del nodo al que llega esa tarea.

Si varias tareas Ty dependen de una o más tareas Tx, las tareas Tx no pueden terminar más tarde de lo que empezará la tarea Ty sin retrasar el proyecto.

$$FM_x = mín\ (IM_y) = mín\ (FM_y) - d_y$$

Reglas del diagrama de PERT (7)

Por tanto, cuando de un nodo sale más de una flecha se calculan los valores a través de cada una de las flechas y se toma el valor menor.

? **Sabía que...**

Aunque el hecho de poner un cero en la parte inferior del primer nodo no garantiza que los cálculos sean correctos, sí que indica que si se obtiene otro valor hay una certeza de que existe algún error en los cálculos.

Como el primer nodo corresponde al inicio del proyecto, el valor de fin máximo hace referencia al fin máximo que debe tener cualquier actividad previa al inicio de este proyecto. Por tanto, el valor que habrá que poner en la parte inferior del primer nodo será 0.

Ejemplo

Diagrama de PERT del proceso de preimpresión de un catálogo calculando los tiempos de cada proceso. Entre paréntesis se muestran los retardos de tiempo.

- Recepción
- Digitalización de imágenes: 2.
- Composición de textos: 3 (-1).
- Maquetación: 3 (+ 0,5).
- Prueba de color: 1.
- Imposición de páginas: 2,5 (-0,5).
- Prueba de imposición: 2 (-1).
- Formas impresoras: 4 (-1).

Diagrama de PERT. El proceso ha finalizado con tres horas de adelanto sobre el final máximo

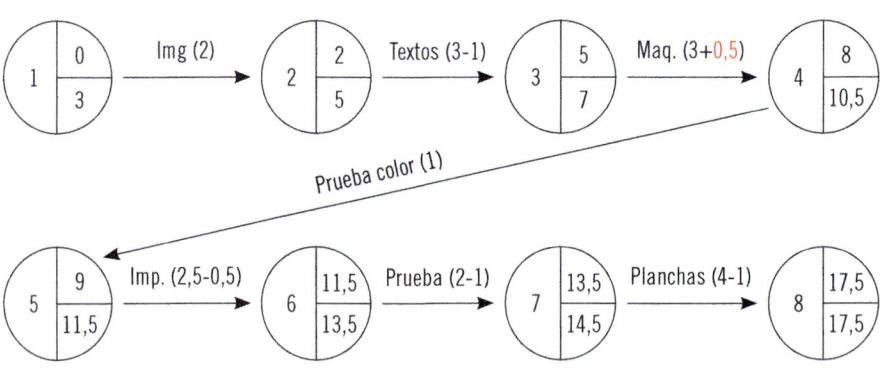

Actividades

5. Explique por qué no puede haber dos flechas que unan dos nodos. ¿Qué estaría indicando?
6. Señale cómo explicaría el significado de la expresión "inicio mínimo".
7. Razone con sus propias palabras por qué poner 0 en la parte inferior del primer nodo.

 Aplicación práctica

Realice un diagrama de PERT teniendo en cuenta los siguientes parámetros temporales:

- **Digitalización de imágenes: 3 (-0,5).**
- **Composición de textos: 2 (+1).**
- **Maquetación: 2 (+0,5).**
- **Prueba de color: 1 (+0,5).**
- **Imposición de páginas: 3 (-0,5).**
- **Prueba de imposición: 2.**
- **Formas impresoras: 4 (+1,5).**

SOLUCIÓN

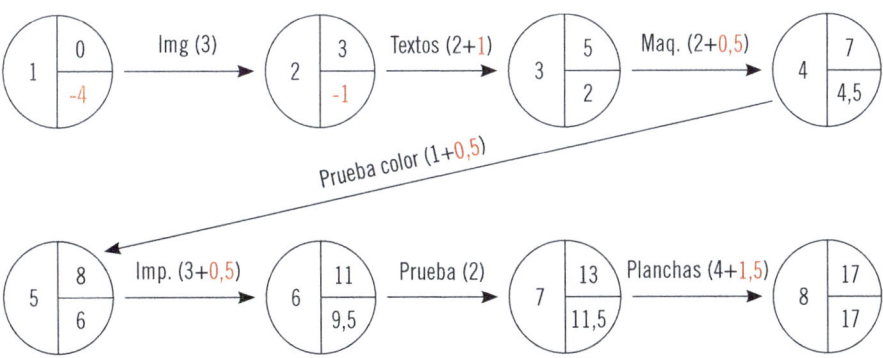

El proyecto finaliza con 4 horas de retraso sobre lo previsto.

4.2. Diagrama de GANTT

El diagrama de GANTT es una herramienta muy popular para la planificación de proyectos y gestión de calidad.

Sus orígenes datan de finales del siglo XIX cuando un polaco llamado Karol Adamiecki empezó a usar un harmograma. Henry Gantt lo adaptaría durante la segunda década del siglo XX creando así el diagrama GANTT empleado hoy en día. Durante la primera guerra mundial fue usado en aplicaciones de logística militar.

Se trata de una representación gráfica sobre dos ejes, uno vertical y otro horizontal. En el vertical se representan las tareas del proyecto y en el horizontal el tiempo.

Características y realización

Las tareas a realizar se representan mediante un bloque rectangular cuya largada indica el tiempo de duración y la posición de los bloques señala los instantes de inicio y final de las tareas.

Las tareas del camino crítico se representan en otro color (por ejemplo en rojo).

 Recuerde

El camino crítico o ruta crítica es la secuencia de los elementos que intervienen en el proceso que tengan una mayor duración entre ellos, por tanto, la duración de la ruta crítica es lo que determinará la duración del proyecto completo.

Se empieza trazando dos ejes (uno vertical y otro horizontal). En el eje vertical se escriben las tareas y el horizontal representa el tiempo de realización.

A continuación se dibujan los bloques de las tareas que no tienen tareas predecesoras. El lado izquierdo de estos bloques debe coincidir con el instante cero del proyecto (inicio), es decir, tocando al eje vertical.

Seguidamente se dibujan los bloques de las tareas que dependan de las ya introducidas anteriormente en el diagrama.

Para representar las dependencias inicio-fin se alinea el final del bloque de la tarea predecesora con el inicio del bloque de la tarea dependiente.

Elaboración del diagrama de GANTT (1)

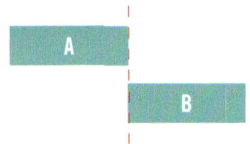

Para representar las dependencias final-final se alinean los finales de los bloques de las tareas predecesoras y dependientes.

Las tareas inicio-inicio se alinean al principio de los bloques para representarlas.

Elaboración del diagrama de GANTT (2)

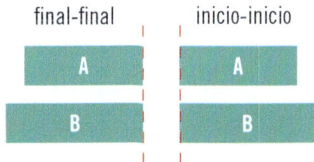

Los retrasos se representan desplazando el bloque de la tarea dependiente hacia la derecha en los retrasos positivos y hacia la izquierda en el caso de los negativos.

Elaboración del diagrama de GANTT (3)

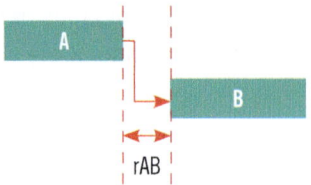

Ejemplo

En el siguiente ejemplo se observa que las primeras tareas a realizar son la digitalización de las imágenes y el tratamiento de textos. El tratamiento de textos se solapa con la maquetación dado que durante el proceso de maquetación se acaba de ultimar. Entre la prueba de color y la imposición hay un pequeño desfase correspondiente al tiempo que se tarda en verificar las pruebas, al igual que entre las pruebas de imposición y la realización de las formas impresoras.

Diagrama de GANTT

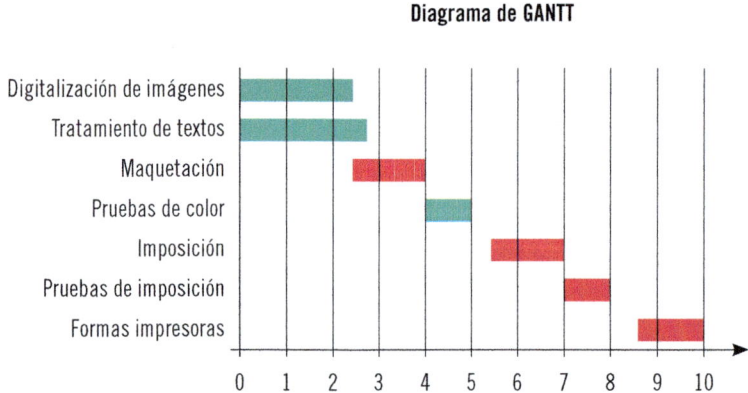

La diferencia principal entre estos dos diagramas es que mientras el diagrama de GANTT es una representación gráfica de barras o bloques más visual, el de PERT es un diagrama de flujo por el cual se puede llevar un cálculo más preciso de los tiempos.

 Aplicación práctica

¿Cómo realizaría un diagrama de GANTT del siguiente proceso en preimpresión?

Realización de pruebas de color, realización de la imposición de páginas, pruebas de la imposición, procesado de la imposición (RIP) y realización de las formas impresoras. Hay que tener en cuenta los retardos que implica el proyecto.

SOLUCIÓN

Se realizarán dos ejes, uno vertical y otro horizontal.

En el vertical se escribirán las tareas (prueba de color, imposición, prueba de imposición, RIP y formas impresoras) y en el horizontal el tiempo (del 1 al 10 por ejemplo).

Se hará un bloque rectangular que corresponda a cada una de las tareas.

Entre el bloque de la prueba de color y el de la imposición se dejará un espacio que corresponderá al tiempo que se necesita para la validación de la prueba por parte del cliente.

El fin del bloque de la imposición terminará justo donde empiece el bloque de la prueba de imposición.

Entre en fin del bloque correspondiente a la prueba de imposición y el del RIP también habrá un espacio que corresponderá con el tiempo para la revisión y validación de la prueba de imposición.

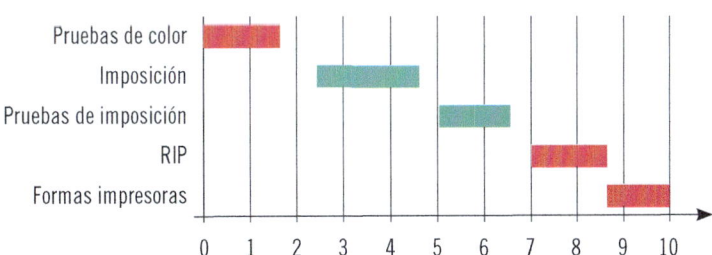

Nota

El diagrama de GANTT es un diagrama gráfico representativo. Permite una fácil visualización de la distribución temporal del proyecto pero no es adecuado para cálculos precisos.

 Actividades

8. Señale por qué cree que se sigue usando el diagrama de GANTT si es menos preciso que el de PERT.

5. Técnicas de optimización de la producción en preimpresión: Sistemas Expertos (SE)

El mercado actualmente está en unos niveles de competitividad muy altos, es por eso que las empresas deben esforzarse en mantenerse a la vanguardia en todos los aspectos. Una buena gestión empresarial es la clave del éxito.

La tarea de gestionar la producción en el sector gráfico es compleja. El objetivo principal a la hora de planificar la producción es optimizar al máximo los recursos de los que se dispone para que el producto sea rentable y competitivo.

Muchos son los factores a tener en cuenta: maquinaria, materiales, personal, empresas colaboradoras, transporte, etc. Hay que encajar todos los procesos como si de piezas de un puzle se trataran procurando que no haya desperdicio de tiempo o tiempo mal empleado.

5.1. Sistemas Expertos (SE)

Para facilitar la planificación de la producción no solo se cuenta con las herramientas de apoyo que son los diagramas. Existen también los llamados **Sistemas Expertos (SE).**

 Nota

Un experto es alguien que tiene un conocimiento especializado sobre un campo concreto adquirido a base de estudio y experiencia.

Los Sistemas Expertos (SE) forman parte de la inteligencia artificial dado que son una rama de ella. Son conocidos también como **sistemas basados en conocimiento.**

Se trata de sistemas informáticos con capacidad de memorización y razonamiento en un espacio de conocimiento limitado. Teóricamente razonan como lo podría hacer un experto humano, son capaces de resolver problemas concretos.

Para ello deben cumplir una serie de requisitos:

■ Capacidad de almacenar datos.
■ Capacidad de adquirir conocimientos.
■ Capacidad de resolver problemas.
■ Capacidad de explicar el porqué de su razonamiento.

Los SE han impactado con fuerza en los negocios y la industria, por lo que se augura un crecimiento importante en el futuro.

Sabía que...

Los Sistemas Expertos (SE) datan de la década de los 60, cuando un equipo de expertos encabezado por Edward Feingenbaum empezó a desarrollar sistemas de bases de conocimiento con reglas definidas. Pero fue en la década de los 80 cuando se empezaron a desarrollar los SE para su comercialización.

Al contar con estas características, un Sistema Experto (SE) es capaz de aprender de las experiencias anteriores, almacenar datos y tomar decisiones basadas en la experiencia para poder solucionar problemas mediante la deducción lógica como podría hacerlo un experto humano.

Un SE cuenta con una base de datos que incluye información de conocimientos de expertos humanos y una serie de reglas para aplicarlas en base a los conocimientos. El sistema va mejorando conforme se le van añadiendo más conocimientos y reglas al conjunto.

Ventajas de los Sistemas Expertos (SE)

Con la ayuda de un SE una persona con no demasiada experiencia puede resolver problemas que precisan de un conocimiento más específico y puede hacerlo a mayor velocidad que un humano, con la característica añadida de tomar las decisiones objetivamente.

En situaciones de toma de decisiones muy complejas, donde la subjetividad de un ser humano pueda suponer una decisión no acertada, los SE son de gran ayuda.

Las principales aplicaciones de los SE se realizan en gestiones empresariales como planificación, gestión, fiscalidad o contabilidad, ya que son capaces de trabajar con un gran volumen de información sin aplicar criterios subjetivos de descarte.

Limitaciones de los Sistemas Expertos (SE)

Para mantenerlos actualizados los Sistemas Expertos (SE) precisan de reprogramaciones periódicas, y esta es probablemente su mayor limitación, ya que supone un elevado costo tanto en tiempo como en inversión económica. Esto se debe a que estos sistemas no ofrecen demasiada flexibilidad a los cambios y no disponen de un fácil acceso a la información interna.

A parte de lo mencionado, la inteligencia artificial aún no es capaz de resolver problemas generales de sentido común ni de desenvolverse en situaciones ambiguas o inciertas.

Arquitectura de los Sistemas Expertos (SE)

Los Sistemas Expertos (SE) constan de cinco partes:

- **Base de conocimientos:** es la parte del SE en la que se almacena el conocimiento del domino del experto. Está codificado a base de reglas. Las reglas son estructuras que relacionan la información de forma lógica.
- **Base de hechos:** al realizar una consulta en el sistema se introducen unos datos que el sistema empareja con la información contenida en la base de conocimientos para sacar las conclusiones adecuadas.
- **Motor de inferencia:** es la parte del razonamiento del SE. El motor trabaja relacionando y contrastando la información de la base de conocimientos con la base de hechos deduciendo nuevos hechos.
- **Subsistema de explicación:** es la parte del sistema capaz de ofrecer una explicación al usuario de cómo ha llegado a una conclusión.
- **Interfaz de usuario:** es la parte gráfica en la que el usuario interactúa con el sistema. Aquí el usuario aporta los datos correspondientes y el sistema formula las preguntas necesarias para llegar a un razonamiento.

Gráfico de la arquitectura de un SE

```
                         ┌─────────────────────┐
                         │       EXPERTO        │
                         └─────────────────────┘
                              ↑     ↓
                    ┌─────────────────────────┐
                    │  Módulo de adquisición   │
                    │    del conocimiento      │
                    └─────────────────────────┘
                              ↕
    ┌──────────────────┐   ┌──────────────┐   ┌──────────────┐
    │     BASE DE       │ → │   MOTOR DE   │ → │   BASE DE    │
    │ CONOCIMIENTOS     │ ← │ INFERENCIAS  │ ← │   HECHOS     │
    │    (reglas)       │   └──────────────┘   └──────────────┘
    └──────────────────┘        ↑  ↕
                         ┌─────────────────────┐
                         │ Módulo de explicación│
                         └─────────────────────┘
                              ↑     ↓
                         ┌──────────────┐
                         │   Interface   │
                         └──────────────┘
                              ↑     ↓
                         ┌──────────────┐
                         │   USUARIO     │
                         └──────────────┘
```

Actividades

9. ¿Qué función tiene el subsistema de explicación?, es decir, ¿por qué cree que es necesario?

Sistemas expertos aplicados a preimpresión

Los **Sistemas Expertos (SE)** proporcionan una reducción drástica del tiempo de elaboración de presupuestos pudiendo hacer cálculos exactos y controlando minuciosamente los márgenes de beneficio de cada trabajo.

Para realizar los presupuestos el SE tiene en cuenta el tiempo de mano de obra y máquinas, los materiales necesarios y la subcontratación en caso de ser precisa. Además, guardan un histórico de presupuestos en el que se almacena cada detalle del trabajo y su proceso.

Desde el presupuesto aprobado, un SE puede generar la orden de trabajo directamente con instrucciones detalladas y gestionar el control de la producción.

Durante el proceso de producción el Sistema Experto (SE) recoge todos los datos del taller (preimpresión, impresión y postimpresión) sabiendo en todo momento en el estado del proceso que se encuentra el trabajo.

Al ir avanzando en la producción, el sistema compara los datos entre el tiempo estimado de realización y el tiempo real, analizando los niveles de optimización. Es decir, durante el proceso de preimpresión el SE estima el tiempo que se tardará en la preparación de las formas impresoras que se precisarán a través del cálculo del número de pliegos, formatos y formas impresoras necesarias.

 Ejemplo

Una empresa dedicada a *packaging* puede automatizar el proceso de producción con un SE, como por ejemplo Automation Engine.

Este SE genera un plan de ahorro de errores basados en la experiencia, toma datos de los distintos soportes con los que se trabaja en packaging, las tintas, gestión de color, etc. y hace los cálculos necesarios para proponer al usuario los tipos de envase más rentables y cómo producirlos de la manera más económica y en base a las necesidades del cliente.

Además integra todos los componentes de producción, diseño y flujo de trabajo, con lo cual estas tareas se reducen drásticamente.

Tiene en cuenta también la maquinaria de la que se dispone y la producción programada para dichas máquinas.

Además de todo lo mencionado anteriormente, un SE permite llevar el control del *stock* de todos los materiales necesarios. Al generar la orden de trabajo, el SE ya cuenta con la cantidad de formas impresoras que se precisen para la realización del trabajo completo y otros materiales varios como productos químicos o papel para las pruebas.

 Aplicación práctica

Usted trabaja en una empresa del sector gráfico especializada en *packaging* y en la dirección de la empresa se están planteando la posibilidad de implementar un Sistema Experto (SE). ¿Qué argumentos comerciales aportaría usted para impulsar dicha implementación?

SOLUCIÓN

Gracias a un SE el personal con poca experiencia puede resolver problemas que precisen de un conocimiento más específico y no tienen el factor de subjetividad que tienen los humanos para la toma de decisiones complejas.

Reducción en la elaboración de presupuestos y automatización en el proceso de producción, ya que tiene en cuenta la maquinaria disponible integrando elementos de producción, diseño y flujo de trabajo.

Ofrece datos del estado del trabajo en tiempo real y hace un cálculo de los niveles de optimización.

Además permite llevar un control del *stock.*

6. Herramientas informáticas de control: JDF

Se pueden crear JDF desde versiones de Acrobat Pro que tengan integrado el flujo de trabajo.

En el sector gráfico la tendencia se dirige hacia tiempos de entrega más ajustados y tiradas más cortas pero con más frecuencia. Es importante por tanto disponer de un flujo de trabajo continuo que aporte rapidez, control y seguridad.

La herramienta que proporciona ese control es el JDF cuyas siglas en inglés corresponden a Job Definition Format (formato para la definición de trabajos).

6.1. Aspectos generales de JDF

JDF es un lenguaje estándar de conectividad para la industria gráfica que describe los trabajos de impresión.

La conectividad implica que todos los elementos conectados entiendan las instrucciones a la perfección, es decir, que hablen el mismo idioma.

A través de JDF quedan conectados no solo los distintos departamentos de producción, sino que también conecta al proceso los departamentos comerciales, administrativos, logísticos e incluso a las empresas externas que intervienen en el proyecto.

En definitiva, JDF puede controlar el trabajo desde sus inicios hasta la entrega o distribución.

Concepto de conectividad: los elementos que intervienen en el proceso están conectados entre sí entendiéndose a la perfección.

JDF es un *software* de automatización que se integra en la maquinaria existente, incluso sin ser de un mismo fabricante, por lo tanto al implementar esta herramienta informática no es necesario cambiar la maquinaria de la que ya se dispone, solo es preciso crear una plataforma común.

El JDF contiene datos de gestión y producción generando una orden de trabajo digital o *Digital Job Ticket* desde la que se ajustan los parámetros de todos los componentes de producción y que a su vez proporciona información en tiempo real del estado del proceso. Esto se consigue a través de un sistema de gestión (MIS).

 Nota

MIS *(Management Information System)* es un *software* para la gestión de la toda la información de una empresa (pedidos, control, producción, administración, etc.).

MIS crea modelos de estimación sobre el tiempo que se tardará en realizar las tareas concretas de producción. Es capaz de calcular, por ejemplo, el tiempo que se va a necesitar para todo el proceso de preimpresión de una forma muy precisa.

La comunicación MIS es bidireccional entre todos los equipos de producción de la empresa, es decir, proporciona información en ambos sentidos.

El sistema MIS es el encargado de generar un *Job Ticket JDF* con toda la información para gestionar el trabajo.

JDF es un estándar en lenguaje XML *(eXtensible Marckup Language* o Lenguaje de Marcado eXtensible). XML fue el lenguaje elegido dado que se trata de un estándar ampliamente reconocido. El lenguaje XML está diseñado y pensado como un lenguaje de intercambio de información entre distintas aplicaciones y sistemas.

 **Ejemplo**

El presupuesto correspondiente a la orden de trabajo 13-0932 del cliente 00200 ha sido aprobado.

Esta frase carece de sentido si no se identifican los números. Para identificarlos se les asigna un marcado.

El presupuesto 13-0932 (1000 cajas tamaño 20 x 20 x 8 cm con 6 puntos de engomado impresas en cuatricromía) del cliente (Industrias Juárez) ha sido aprobado.

Un marcado no solo se asigna a códigos numéricos, también a palabras:

La fabricación de 1000 cajas tipo BOB (caja cuadrada tamaño 20 x 20 x 8 cm con 6 puntos de engomado) se encuentra en la fase de troquelado.

Un **marcado** es una etiqueta o un código que se adjunta a la información para identificarla. Es el mismo lenguaje que se usa para programación web.

En preimpresión etiquetas como **"aprobado"** indican que el documento y todo su contenido tienen que estar aprobados para poder continuar con el siguiente paso.

Extensible significa que las etiquetas de XML son ilimitadas, por lo tanto un *Job Ticket* puede contener tantas etiquetas como se consideren necesarias y además permite anexar notas o instrucciones de trabajo adicionales. Además XML es capaz de diferenciar entre texto y gráficos para tratarlos como corresponda a cada uno.

6.2. Objetivos y beneficios del JDF

El objetivo final de JDF es la descripción electrónica de pedidos para tener controlando todo el proceso. Todos los pasos del proceso de producción están especificados en el *Job Ticket* creado por JDF.

Gráfico en el que se muestra cómo interactúan los distintos componentes a través del sistema JDF

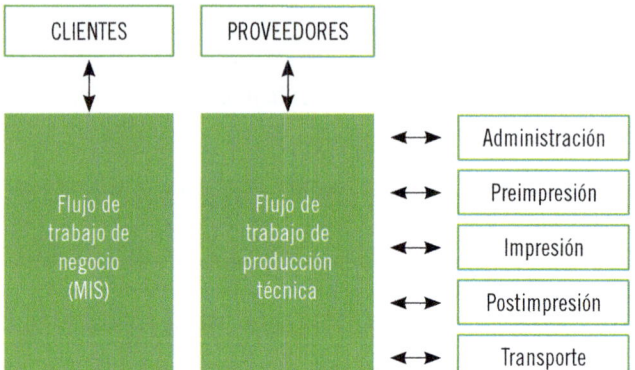

Implementar un sistema de trabajo JDF da como resultado un proceso eficaz y seguro con un considerable ahorro de tiempo a la vez que agiliza el flujo de trabajo. Esto es debido a varios factores:

- El *Job Ticket* generado a través del sistema JDF contiene toda la información necesaria para la elaboración completa del producto: empezando por la creación, pasando por los datos de producción y llegando hasta los datos de entrega y facturación. Esto proporciona a la empresa un menor costo de producción y una capacidad de respuesta más rápida ya que los datos de fabricación quedan registrados en el sistema pudiéndose recuperar los necesarios en siguientes reimpresiones sin tener que introducirlos todos de nuevo.
- La implementación del sistema JDF se puede realizar de forma gradual. La automatización requiere planificación y coordinación con los clientes y proveedores debido a que se trata de un concepto global. Su implantación no se debe tomar a la ligera. Por ello, en un principio, hay quien opta por implementarla solo en dos o tres fases del proceso e ir ampliándola gradualmente.

Ejemplo

En una empresa de impresión *offset* el sistema de automatización JDF está implementado en las secciones comercial, preimpresión e impresión pero no en postimpresión.

Al llegar un trabajo a la plegadora (se debe recordar que no está preparada para trabajar en JDF), esta no tiene capacidad de comunicarse con el sistema para especificar el estado del trabajo que pasa por ella en tiempo real.

Para solucionar esto se podría añadir un ordenador conectado al sistema de gestión para que el propio operario que maneja la plegadora actualice manualmente el estado del proceso.

Si la plegadora estuviera integrada en el sistema JDF esto no haría falta, ya que se actualizaría automáticamente sin necesidad de que el operario invierta tiempo actualizando los datos manualmente.

A partir del *Job Ticket* la automatización JDF tiene capacidad de ajustar los parámetros de la maquinaria, desde la exposición de las planchas en el CTP, hasta los ajustes de la maquinaria de impresión para un trabajo en concreto (tintaje, presión de los cauchos, etc.).

Además de todas las **ventajas** mencionadas, JDF lleva el control del stock y es capaz de realizar pedidos de suministros para un trabajo concreto en caso de no haber existencias para realizarlo.

Recuerde

JDF conecta todos los departamentos. En el caso de realizar un pedido de material la información del pedido llegará al departamento de compras en tiempo real.

En resumen, JDF proporciona numerosos **beneficios** en producción:

- Minimización de errores.
- La información del estado del proceso se actualiza en tiempo real (mayor control).
- Agiliza los ciclos de producción.
- Tiempos de reacción más cortos frente a posibles problemas en la producción.
- Reducción del trabajo indirecto (administración, facturación, compras, etc.).
- Reducción de los retrasos en producción gracias al exhaustivo control durante el proceso.
- Facilidad de integración de los sistemas.
- Facilita el control de calidad.

A la hora de invertir en la implementación del sistema JDF, también hay que tener en cuenta los beneficios financieros de esta herramienta.

Al tener un mayor control de la producción en planta mejora significativamente la eficiencia: los cambios se realizan de una manera más rápida, y a nivel gerencia JDF facilita la gestión del negocio haciéndolo más rentable.

 Actividades

10. Reflexione sobre si el sistema JDF es un SE. Explique por qué.
11. Reflexione sobre la importancia de tener la información del proceso en tiempo real.

6.3. Aspectos a tener en cuenta

Aunque los beneficios superan con creces las desventajas de la implementación del sistema JDF, hay que tener en cuenta algunos aspectos.

Al ser una tecnología global su implementación no es fácil, ya que intervienen numerosos equipos a los que hay que integrar en una plataforma común para que se produzca la conectividad JDF. Además, el personal implicado (o sea casi toda o toda la empresa) debe ser formado para su manejo.

Por ello, aunque la implementación del sistema JDF aporte muchísimos beneficios a la empresa, como se ha comentado con anterioridad, no debe tomarse a la ligera.

Sabía que...

CPI4 es una organización que tiene como funciones principales desarrollar estándares para la automatización en la industria gráfica (como JDF) y proporcionar programas de formación.

6.4. Consideraciones sobre JDF

Dado que una de sus funciones consiste en el control de los trabajos, JDF incorpora mecanismos de validación a lo largo del proceso haciendo que sea una herramienta muy valiosa para el control de calidad. Un trabajo no podrá pasar al proceso posterior si no se marca como **"aprobado"**.

A parte de la información específica de producción como los requisitos de impresión o las cantidades de producción, JDF también incorpora información sobre los archivos que contengan páginas indicando cómo deben ordenarse para la compaginación.

También puede incluir información sobre la creación de los archivos PDF para que resulten apropiados, como por ejemplo los requisitos de conversión, los perfiles de color o la incrustación de fuentes. Esto garantiza la integridad de los archivos para el proceso de impresión, es decir, si el PDF se ha creado correctamente cumpliendo las especificaciones incluidas en el Job Ticket se agregará un sello de validación y aparecerá en pantalla un texto de validación.

Actividades

10. Busque información visual (vídeos) sobre la implementación de JDF en preimpresión.
11. Reflexione sobre si la implementación de JDF tiene alguna desventaja. Justifique la respuesta.

6.5. Control de las entregas

Una vez terminado el producto hay que hacerlo llegar al cliente. Este paso hay que planificarlo bien, de poco sirve llevar un control durante la producción para cumplir el *timming* estipulado si a la hora de realizar la entrega no se gestiona correctamente y se producen retrasos.

Una vez generados todos los albaranes de las entregas planificadas para el siguiente día hábil se comprueba que los datos sean correctos (producto, dirección completa, horarios de entrega, etc.) para evitar sobresaltos de última hora. Un error en la dirección de entrega podría suponer un retraso no solo en esa entrega en concreto, sino que repercutiría en las entregas planificadas para después de esta. Hay que comparar los albaranes con la información de la base de datos de la empresa.

El siguiente paso será planificar la ruta de reparto. Esta se planificará teniendo en cuenta las localizaciones y los horarios de entrega. Se trata de optimizar el recorrido para que no se generen más gastos de los estrictamente necesarios, tanto en combustible como en tiempo del operario de transporte.

Para tener todo el proceso controlado se conecta la base de datos de los clientes con el **departamento de expediciones.** Todo esto se puede realizar a través del SE y el JDF integrando en el sistema una aplicación específica para control de expediciones y entregas. El objetivo es dotar al departamento de una aplicación que permita tener controlados todos los aspectos de la entrega y transporte en tiempo real (integración de pedidos, planificación de las entregas, horarios, rutas, etc.).

El material a transportar debe ser empaquetado (y paletizado si fuera necesario) convenientemente para que en el proceso del transporte no sufra daños.

 Nota

Con el fin de obtener una percepción visual del recorrido es recomendable representar las entregas sobre un mapa. Así se podrá planificar mejor la ruta.

7. Resumen

En este capítulo se ha tratado la importancia del control en la producción gráfica. Está claro que la base consiste en una cuidadosa planificación con unos objetivos definidos que optimicen la producción y permitan obtener beneficios tanto a la empresa como al cliente.

Para ello existen una serie de herramientas que facilitan la planificación, desde los diagramas de PERT y GANTT hasta herramientas mucho más avanzadas y complejas como los Sistemas Expertos (SE) y el lenguaje JDF.

En definitiva se trata de no dejar nada al azar, planificar cada paso y estructurar la producción encajando cada pieza (paso) como si de un puzzle se tratara.

Una vez efectuada la planificación se realiza un control sobre la producción de la misma. Hay que tener cada paso controlado en todo momento, ya que si surge alguna incidencia hay que poder reaccionar buscando una solución rápida que no retrase los siguientes estadios. Es decir, el control debe ser dinámico (que permita ir modificándose).

Los Sistemas Expertos (SE) son una herramienta muy eficaz que permiten tener controlado el proceso en todo momento y en tiempo real, lo que supone un considerable ahorro de costos y optimiza la producción.

Asimismo, el sistema JFD ofrece automatización y control para el sector gráfico, incluyendo herramientas de control y validación a lo largo del proceso.

Una vez terminado el proceso, es igual de importante tener controladas las entregas para realizarlas con eficacia y sin retrasos, gestionándolas de tal manera que los costos sean los menos posibles.

Ejercicios de repaso y autoevaluación

1. **Ponga el nombre correspondiente a las siguientes operaciones de control:**

   a. Se aplica justo después de haber realizado alguna operación para valorar si es correcta o no. En caso negativo habrá que realizar acciones correctivas interrumpiendo o paralizando la producción hasta haber subsanado la irregularidad para encaminar las acciones posteriores.

   _____

   _____

   b. Se aplica antes de la conclusión de la actividad pero dentro de un sistema estructurado de control.

   _____

   _____

   c. Se realiza el control una vez terminado el proyecto. Este tipo de control va encaminado a subsanar posibles fallos o errores en proyectos futuros, ya que la acción correctiva se aplicará en un nuevo proyecto.

   _____

   _____

2. **Describa los pasos del proceso de control.**

   _____

   _____

   _____

   _____

   _____

   _____

3. **Indique si las siguientes frases son verdaderas o falsas.**

  a. Se podría definir la planificación como el proceso de establecer metas u objetivos encaminados a desarrollar estrategias en las que se tracen unos planes de actuación.

     ☐ Verdadero
     ☐ Falso

  b. Un proyecto consta de dos fases: programación y control.

     ☐ Verdadero
     ☐ Falso

  c. El proceso de evaluación de un proyecto se realiza una vez terminado dicho proyecto.

     ☐ Verdadero
     ☐ Falso

4. **¿En qué consiste la evaluación?**

   _____
   _____
   _____
   _____

5. **¿Qué es el CPM y cuando fue desarrollado?**

   _____
   _____
   _____
   _____

6. **Complete los espacios libres de la siguiente frase:**

   Se llama _____ a la secuencia de los elementos que intervienen en el proceso que tengan una mayor duración entre ellos, por tanto, la duración de la ruta crítica es lo que determinará la _____ del proyecto _____.

7. Establezca las diferencias entre el diagrama de PERT y el de GANTT.

_____

_____

_____

_____

8. Indique si las siguientes frases son verdaderas o falsas.

a. Los diagramas de PERT y GANNT son herramientas de planificación que permiten calcular los tiempos de las tareas a realizar en el proceso.

☐ Verdadero
☐ Falso

b. En el diagrama de GANTT dentro de cada nodo se puede representar hasta dos instantes distintos: el inicio mínimo (im) y el final máximo (FM) de ese instante.

☐ Verdadero
☐ Falso

c. Los orígenes del diagrama de GANTT datan de finales del siglo XIX.

☐ Verdadero
☐ Falso

9. Enumere los requisitos (capacidades) que debe tener un Sistema Experto.

_____

_____

_____

_____

10. Indique las ventajas del Sistema Experto (SE).

_____

_____

_____

_____

11. Complete los espacios libres de la siguiente frase:

El diagrama de _____ es un método que permite calcular los _____ _____de las tareas que se precisan realizar para llevar a cabo un _____ de una manera _____ y _____.

12. ¿Tienen limitaciones los sistemas expertos? En caso afirmativo, ¿cuáles son?

_____

_____

_____

_____

13. Relacione correctamente la definición con el concepto:

    a. Es la parte del SE en la que se almacena el conocimiento del domino del experto.

    b. Es la parte gráfica en la que el usuario interactúa con el sistema.

    c. Al realizar una consulta en el sistema se introducen unos datos que el sistema empareja con la información contenida en la base de conocimientos para sacar las conclusiones adecuadas.

    d. Es la parte del sistema capaz de ofrecer una explicación al usuario de cómo ha llegado a una conclusión.

    e. Es la parte del razonamiento del SE.

__ Base de conocimientos.
__ Motor de inferencia.
__ Subsistema de explicación.
__ Interfaz de usuario.
__ Base de hechos.

14. Indique si las siguientes frases son verdaderas o falsas.

a. JDF es un lenguaje estándar de conectividad para la industria gráfica que describe los trabajos de impresión.

☐ Verdadero
☐ Falso

b. JDF puede controlar el trabajo desde sus inicios, exceptuando la entrega o distribución.

☐ Verdadero
☐ Falso

c. JDF se trata de un *software* de automatización que se integra en la maquinaria existente siempre que sea de un mismo fabricante.

☐ Verdadero
☐ Falso

d. JDF es un estándar en lenguaje XML.

☐ Verdadero
☐ Falso

15. ¿Qué significa MIS? ¿Para qué sirve?

_____
_____
_____
_____

Bibliografía

Monografías

▌FORMENTÍ Silvestre, J., REVERTE Vera, S.: *Color y reproducción. La imagen gráfica.* Barcelona: Fundació Indústries Gràfiques, 2008.

▌FORMENTÍ Silvestre, J., REVERTE Vera, S: FOREV *Formació i Evolució,* XTEC.

▌FUNDACIÓ INDÚSTRIES GRÀFIQUES: *Mòdul d'impressió òfset.* Escola de Formació Professional "Antoni Algueró".

▌GARCÍA Jiménez, J.: *Gestión de la calidad en el sector gráfico.* Barcelona: Ediciones CPG, 2011.

▌GARCÍA J. y RODRÍGUEZ J. J.: *Materiales de producción en artes gráficas.* Madrid: Editorial Aral, 2017.

▌GUERRERO Serrano, C.: *Manual de Artes Gráficas.* Madrid: Universidad Complutense de Madrid. Facultad de Ciencias, 2003.

▌JOHANSSON, K., LUNDBERG, P., RYBERG, R.: *Manual de producción gráfica.* ISBN: 9788425223631, 2011.

▌VV. AA.: *Gestión y control de la producción en la industria gráfica.* Madrid: AENOR, 2016.

Textos electrónicos, bases de datos y programas informáticos

❚ ALABRENT directorio de empresas y servicios del sector gráfico, de:
<http://www.alabrent.com/>.

❚ FOTONOSTRA con amplia información sobre el mundo de la fotografía, el diseño gráfico y la tecnología digital, de:<http://www.fotonostra.com/>.

❚ HAGRAF revista especializada en procesos de impresión, de:
<http://www.hagraf.com>.

❚ INGHENIA empresa de prestación de servicios de mejora de la calidad de gestión, de:
<http://www.inghenia.com/>.

❚ Instituto Nacional de Estadísitica, de: <http://www.ine.es/>.

❚ ISO 27000 portal del ISO 27000 en español, de: <http://www.iso27000.es/>.

❚ PORTAL CALIDAD portal dedicado al control de la calidad, de:
<http://www.portalcalidad.com/>.

❚ UGRA Centro Suizo de Competencia para Medios de Comunicación y Tecnología de impresión, de: <http://www.ugra.ch/>.